KB147462

BTS INSIGHT

잘함과 진심

BTS INSIGHT
잘함과 진심

2018년 9월 28일 초판 1쇄 발행
2019년 3월 19일 초판 2쇄 발행

지은이 김남국

펴낸이 황재은
디자인 design co*kkiri
제작 책의 무게
펴낸곳 비밀신서
등록 2017년 9월 15일 제2017-000249호
주소 서울시 마포구 독막로 96 리더
전화 02) 6014-7800
팩스 02) 6014-5800
홈페이지 http://www.bsincer.com
트위터 @bimilsincer

값 14,800원

BTS INSIGHT

잘함과 진심

BTS에게 배우는 Z세대 경영전략

김남국 지음

비밀신서

BTS Insight

왜 방탄소년단인가

2018년 LG전자는 방탄소년단을 스마트폰 G7의 모델로 선정했다. 대체로 특정 연예인을 광고모델로 선정한 이유로 많은 기업들은 해당 상품과의 이미지 적합성 때문이라고 설명한다. 하지만 LG전자는 색다른 이유를 제시했다. LG전자 황정환 부사장은 기자회견장에서 방탄소년단을 모델로 선정한 이유에 대해 다음과 같이 답했다.

"G7 씽큐가 BTS를 닮아서 선택했다기보다도 솔직한 말씀을 드리면 BTS를 닮고 싶다. 세계 1등으로 가 있는 BTS. '지금부터라도 우리가 하나하나 진정성 있게 다가가고 개선된 제품을 꾸준하게 내놓는다면, 언젠가는 BTS가 진정성 있는 모습으로 팬들로부터 인정받은 것처럼, LG전자 모바일 사업 자체가 고객에게 인정받는 날이 오지 않을까' 이렇게 닮고 싶은 점이 강렬했다."

즉, 단순히 연예인의 이미지나 인지도를 활용해서 제품 판매량을 늘리는 차원을 넘어서 방탄소년단이 창출한 베스트 프랙티스를 적용하고 싶다는 생각까지 갖고 있었다는 점을 공개적으로 밝힌 셈이다. 왜 글로벌 기업의 경영자가 아이돌 그룹의 프랙티스를 배우고 싶어 할까. 이 책은 이런 경영계의 진지한 고민에 답하기 위한 하나의 노력이다. 방탄소년단은 K팝 역사에서 전례를 찾을 수 없는 성공을 이어가고 있기 때문에 경영학 분석 대상이 되기 위한 충분한 조건을 갖췄다고 판단했다. 우선 방탄소년단이 이룩한 몇 가지 성과만 봐도 이를 금방 알 수 있다.

— 2018년 5월, 9월 빌보드 200차트(앨범차트) 1위

　(1년 내 2연속 1위는 비틀즈 등 소수의 아티스트만 달성한 기록)

— 2017, 2018년 2년 연속 빌보드 뮤직 어워드 탑소셜 아티스트 상 수상

— 2018년 5월 〈FAKE LOVE〉 빌보드 싱글차트 10위

— 2018년 9월 〈IDOL〉 빌보드 싱글차트 11위

— 2018년 8월 〈IDOL〉 24시간 이내 유튜브 조회수 뮤직비디오 세계 1위

— 2017, 2018년 국내 앨범 판매량 1위

방탄소년단은 또 진정한 글로벌화에 성공했다는 점에서 의미가 있다. 과거 글로벌화를 통해 성과를 낸 K팝 그룹이 적지 않다. 하지만 아시아 지역에 국한됐다는 느낌을 지우기는 쉽지 않았다. 싸이가 처음으로 서구 사회에서 제대로 성과를 냈는데 강남스타일 이

후로 성공을 지속하는 데는 한계가 있었다. 방탄소년단은 진정한 글로벌 팬덤을 확보하면서 동시에 성공을 확장하고 있다. 매번 새로운 앨범을 낼 때마다 과거 기록을 깨고 있다. K팝 그룹으로서는 전례가 없을 정도로 강력한 글로벌 팬덤을 확보했기 때문이다. 세계의 방탄소년단 팬덤 규모를 정확히 측정할 수 있는 데이터는 찾기 어렵다. 다만, 방탄소년단의 뮤직비디오 조회수를 보면 어느 정도 글로벌화가 진행됐는지 가늠할 수 있다. 2018년 1분기 방탄소년단 유튜브 조회수 데이터를 보면, 한국이 5.4%를 차지하며 국가별 점유율로 6위에 그쳤다. 가장 많은 조회를 한 나라는 미국으로 11.8%를 차지했으며, 이어 일본 7.9%, 브라질 6.7%, 멕시코 6.6%, 베트남 5.9%로 나타난다. 동일 선상에서 비교하는 게 무리가 있긴 하지만, 한국 대표 기업인 삼성전자의 해외매출 비중이 90%라는 점을 감안하면, 방탄소년단은 팬덤 분포로 봤을 때 삼성전자보다 더 글로벌화됐다고 볼 수 있다.

글로벌 시장에서의 성과만을 보고 방탄소년단을 경영학의 분석 대상으로 삼은 것은 아니다. 그들이 막대한 자원과 강력한 조직적 뒷받침 덕분에 성공했다면 경영학 관점에서는 매력도가 다소 반감될 수 있다. 방탄소년단의 성공 전략에는 흥미로운 포인트들이 몇 가지 있다. 바로 다음과 같은 특징이다.

방탄소년단의 5무 전략

1. 글로벌 전략 없이 : 많은 기업들은 정교한 글로벌 전략을 수립하고 해외시장에 진출한다. 하지만 방탄소년단 소속사인 빅히트엔터테인먼트의 경우 애초에 정교한 글로벌 전략이 없었는데도 K팝의 역사를 새로 쓸 만큼 글로벌 시장에서 성공했다.

2. 로컬화 전략 없이 : 문화상품은 각국마다 문화적 특징이 다르기 때문에 현지 문화에 적응하기 위한 '로컬화localization 전략'이 필수적인 것으로 여겨진다. 하지만 방탄소년단은 한국어로 쓴 가사를 들고 한국어로 활동과 소통을 하면서도 세계적으로 성공했다.

3. 백그라운드 없이 : 대형 기획사 소속이 아니어서 회사의 브랜드 파워나 선배 가수의 후광 효과를 볼 수 없었다. 하지만 이를 노력과 전략으로 극복하면서 큰 성과를 냈다.

4. 매스미디어 혜택 없이 : 회사 지원이 부족하기 때문에 지상파 예능 출연 등으로 단기간에 인지도를 높일 수 없었다. 이런 불리함을 자체 콘텐츠 제작으로 극복했다. 뉴미디어가 매스미디어를 대체하는 시대적 흐름을 타고 방탄소년단은 당장이라도 공중파에 방송 가능한 고품질의 방대한 자체 콘텐츠를 제작하여 미디어 유튜브와 SNS를 통해 365일 24시간 전 세계에 방송하고 소통하면서, 세계 대중음악사에서도 유례를 찾기 힘들 정도로 많은 팬을 확보했다.

5. 정형화된 아이돌 전략 없이 : 힙합과 아이돌이란 융합하기 힘든 조합으로 출발했기 때문에 실제로 방송에서 '아이돌이 무슨 힙합이냐'라는 말을 면전에서 들을 정도로 편견 어린 시선과 많은 비난을 받았지만 자신들의 이야기를 노래로 만들며 보란 듯이 성공을 이어갔다.

치열한 글로벌 경쟁 환경에서 생존을 모색해야 하는 대기업까지도 주목한 사례라는 점에서 방탄소년단은 충분히 분석할 가치가 있다. 그래서 필자는 이 책을 통해 방탄소년단에 대해 집중적인 분석을 했고 구체적인 성공 요인을 추출했다. 이 과정은 필자에게 무척 흥미롭고 즐거운 도전이었다. 가장 큰 이유는 과거 성공 공식이 잘 통하지 않는 4차 산업혁명, 혹은 디지털 변혁digital transformation 시대에 어떻게 대응해야 하는지와 관련해서 방탄소년단이 탁월한 모범을 보여줬기 때문이다. 10대들에게는 유튜브가 공중파를 대체하고 있으며 이런 미디어 환경의 변화와 신기술 발달 등으로 인해 과거 비즈니스 성공 전략이 잘 먹혀들지 않고 있다. 이런 상황에서 방탄소년단이 음악이라는 상품을 기획하고, 고객을 확보하며, 이들과 끊임없이 새로운 미디어를 통해 상호작용하며 가치를 창출하는 과정은 새로운 시대에 적응해야 하는 기업의 경영자들에게 큰 교훈을 준다.

이 책은 크게 5개의 챕터로 구성됐다. 챕터1에서는 인적자원HR 관리와 관련한 교훈을 다뤘다. 역량뿐만 아니라 인성까지 고려한 아티스트 발탁, 그리고 이들에게 충분한 자율권을 주며 내면의 목소리를 반영한 음악을 만들었던 방탄소년단의 사례는 관리와 통제에 주로 의존했던 많은 기업들에 새로운 방향 전환이 필요하다는 점을 역설하고 있다. 챕터2에서는 진짜 자신의 생각과 마음을 음악에 담았다는 점을 강조했다. 대체로 아이돌 그룹은 유명 작사 작곡가들이 만든 노래를 치열하게 연습해 앨범을 제작하고 무대에 선다. 하지만 방탄소년단은 자신의 진짜 고민과 감정을 음악으로 표현했다. 10대, 20대 청춘들의 진짜 고민을 담아낸 음악은 진심 어린 화자의 이야기였기에 전 세계 청춘들의 마음을 울렸다. 챕터3에서는 융합 전략을 집중 분석했다. 방탄소년단은 힙합과 아이돌을 결합했을 뿐만 아니라 글로벌 시장에서 유행하는 최신 음악 트렌드를 적극 반영했다. 음악이라는 틀 안에서만 융합을 시도한 게 아니다. 문학, 철학, 역사는 물론이고 사회과학과 자연과학 영역에서까지도 융합의 대상을 찾기 위한 노력을 이어가고 있다. 챕터4에서는 방탄소년단세계관(BU)을 살펴봤다. 방탄소년단은 연작 시리즈 앨범을 내는 등 독특한 시도를 이어갔을 뿐 아니라 방탄소년단 세계관이란 고유의 스토리 라인을 구축하면서 고객 만족도를 높이고 있다.

챕터5에서는 방탄소년단 특유의 수평적이면서 진심에 기반한 고객과의 소통에 대해 분석했다. 필자는 이 책의 핵심이 챕터5에 있다고 생각한다. 유튜브와 소셜미디어로 대표되는 소위 '무경계 미디어'로의 환경 변화의 의미가 무엇인지 살펴봤고, 무경계 미디어의 독특한 특징도 분석했다. 그리고 방탄소년단이 어떤 전략으로 새로운 미디어에 제대로 적응했는지 제시했다. 미디어가 바뀌면 역사가 바뀌고 세상이 바뀐다. 방탄소년단은 새로운 미디어 환경을 완벽히 활용하며 진정성을 담은 콘텐츠와 음악, 대화로 커뮤니케이션하며 수평적 소통의 모범 사례를 만들어냈다. 자기 조직화하는 무경계 미디어 환경에서 많은 기업들이 고전하고 있다. 챕터5에서 방탄소년단이 전해주는 교훈은 고객과의 소통에 대해 고민하는 많은 경영자에게 훌륭한 교훈을 제공한다. 마지막 에필로그에서는 방탄소년단의 성공에 기여한 몇 가지 다른 요소를 분석했으며, 향후 더 큰 성장을 위해 필요한 방안을 제시했다.

이런 다양한 성공 요인들은 '잘함'과 '진심'이라는 두 가지 키워드로 요약이 가능하다. 도덕성과 열정 등 인성이 탁월한 인재를 발탁해 자율성에 기반한 조직 문화 속에서 역량을 키워냈다. 이들은 진심을 담은 음악을 만들었고 하루 16시간이 넘는 엄청난 연습량을 소화하며 최고의 무대로 고객들과 만났다. 또 한 눈에 봐도 차이를 알 수 있을 만큼 최선을 다해 뮤직비디오를 제작했다. 다양한 영역에서 가져온 아이디어를 융합해서 고객들에게 참신함과 익숙함의 가치를 절묘하게 배합했으며 다양한 고객과의 접점에 스토리를 녹여 호기심을 자극했다. 이런 노력을 통해 방탄소년단은 음악과 무대, 뮤직비디오 등 본업에서의 차별화된 경쟁우위를 확보할 수 있었다. 그리고 이 과정에서 방탄소년단은 고객 중심성, 즉 고객을 위한다는 진심을 절대 잊지 않았다. 수많은 고객과의 접점에서 일관되게 방탄은 진심을 갖고 소통했다. 방탄소년단은 방대한 콘텐츠를 생산하며 다양한 미디어를 통해 고객과 소통했는데 이 과정에서 고객 중심의 가치를 잊은 적이 없다. 결국 고객들은 이런 진심어린 소통에 마음의 문을 열었을 뿐만 아니라, 가장 강력한 지원자가 됐다. 본업에서의 경쟁력(잘함)과 진심은 상호작용을 하면서 방탄소년단의 성장을 견인했다. 진심에 기반을 두어 최선을 다했고, 이를 통해 본업에서의 경쟁력을 키워나가는 과정에서 진심은 더욱 강화됐다. 고객에게 최선의 공연과 즐거움을 전달하겠다는 진짜 마음은 본업의 경쟁력을 강화시켰고 이를 통해 방탄소년단은 새로운 팝의 역사를 쓰고 있다.

이 책은 방탄소년단의 팬 아미ARMY를 위해 쓴 게 아니다. 실제 기업 현장에서 조직을 관리하고 극도로 불확실한 환경에서 전략적 의사결정을 해야 하는 경영자를 위해 쓴 책이다. 이 책을 통해 많은 경영자들이 방탄소년단이 만든 베스트 프랙티스 가운데 일반화할 수 있는 영역을 파악하고 실무 적용 방안을 모색해서 급격한 경영 환경의 변화 속에서도 유연하게 조직의 지속적인 성장을 이뤄내는 진짜 '방탄 경영학Bullet-proof management'을 실천하기를 기대한다.

CONTENTS

Chapter 3. 융합의 싱귤레리티

Chapter 4. 셀프메이킹 신화

Chapter 5. 거대 콘텐츠 인터랙션

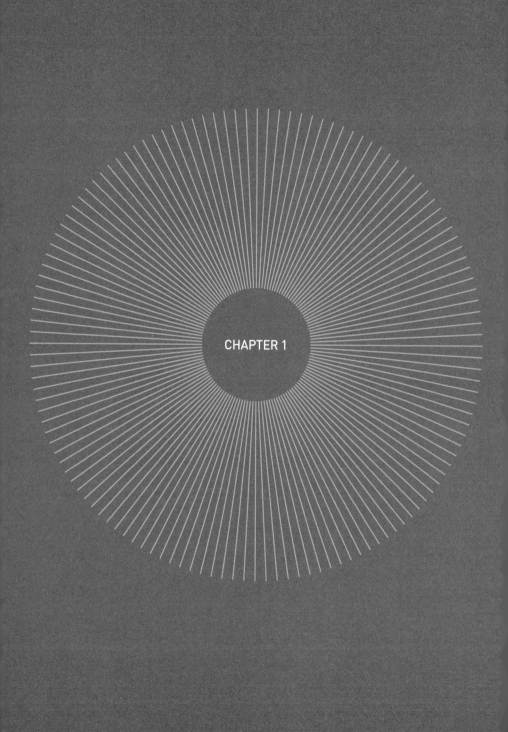

CHAPTER 1

인성에서 온 열정

스스로 의사 결정하는 자율형 아이돌

K팝의 도약을 가져온 요인 중 하나로 체계적인 스타 양성 시스템을 빼놓을 수 없다. 이 시스템의 핵심에는 철저하고 강압적인 규율이 자리 잡고 있다. 대부분 연예기획사들은 연습생들에게 숙소 생활을 강제하면서 사생활을 엄격히 통제한다. 음주 흡연 금지는 물론이고, 휴대전화나 인터넷 사용, 개인적인 소셜 네트워크 계정 운영까지 금지하는 사례도 많다. 남녀 연습생의 전화번호 교환도 대부분 회사에서 금지 행동 리스트에 올라있다. 불시 소지품 검사도 자주 행해진다는 전언이다. 체중 관리를 하고 있는 상황에서 허락받지 않은 음식이 소지품 검사에서 나오면 징계를 받는 식이다. 주기적인 춤, 노래 심사는 기본이고 뮤직비디오 감상평 작성 등 다양한 숙제를 내고 검사를 하는 회사도 있다. 연습생들은 또래들이 즐기고 있는 많은 부분을 포기하면서 24시간 일거수일투족을 감시받으며 춤과 노래 연습에 몰입하고 있는 셈이다.[1]

이런 철저한 규제 시스템이 도입된 데에는 충분한, 그리고 합리적인 이유가 있다. 우선 연습생의 대부분은 청소년으로 성인에 비해 자제력이 떨어질 수 있기 때문에 욕망의 강압적인 규제는 연습의 양적, 질적 수준을 높이는 데 기여할 수 있다. 또 연예인은 데뷔 후 성공가도를 달릴수록 대중들의 집중적인 관심을 받게 된다. 사생활이 노출될 확률도 높다. 따라서 연습생 시절부터 철저한 자기관리를 강제하도록 하는 게 나중에 연예인으로 데뷔했을 때의 리스크를 줄일 수 있다. 특히 아이돌 그룹의 경우 여러 멤버들이 단체 행동을 많이 해야 하기 때문에 철저한 규율의 필요성은 더 커진다. 규율 준수는 연예기획사의 수익에도 직접적인 영향을 끼칠 수 있다. 연예인으로 성공하면 광고모델로 활동하면서 큰 수익을 올릴 수 있는데 사회적으로 문제가 되는 행동을 하거나 이성교재를 하게 되면 새로운 광고 수주가 안 될 뿐만 아니라 기존 계약마저 해지될 수 있다. 심지어 위약금을 물어야 할 수도 있다.

하지만 방탄소년단의 소속사 빅히트엔터테인먼트는 전혀 다른 길을 갔다. 10대 연습생이 많았지만 이들에게 별도의 규제를 하지 않았다. 연습시간을 정해놓고 강제하는 관행은 아예 없었다. 멤버 스스로 하고 싶을 때 연습하도록 했다. 과제가 있긴 했지만 강압적으로 검사를 하거나 처벌을 하지 않았다. 스스로 과제를 해 왔을 때 회사의 전문가들이 보완해주거나 평가를 해주면서 BTS 멤버들이 역량을 높이는 데 기여하는 것으로 빅히트의 역할을 정립했다. 다른 활동은 최대한 자율성을 존중해줬다. 휴대전화도 자유롭게 사용하게 했다. 소셜미디어도 욕설이나 사회 통념에 위배되는 행동이 아니면 자유롭게 할 수 있도록 허용했다.

이런 정책은 방시혁 대표의 철학이 반영된 것으로 보인다. 그는 2013년 웹진 weiv와의 인터뷰에서 "애 취급하는 걸 별로 안 좋아한다."고 강조했다.[2] 초등학교 4학년 정도만 돼도 충동적일 수는 있지만 충분히 사리 분별이 가능하며, 그 자신도 중학교 때 인생에 대해 설교하는 사람들을 싫어했다고 한다. 개인적인 경험과 방 대표의 사람에 대한 철학이 반영되면서 방탄소년단은 한국에서 전례를 찾아보기 힘든 '자율형 아이돌'로 성장해갔다.

실제 가장 중요한 활동인 음악 창작 과정에서도 자율성을 존중하는 경영 철학은 그대로 투영됐다. BTS 멤버들에 따르면, 연습생 시절부터 방시혁 대표와 제작팀은 멤버들에게 비트를 들려주며 여기에 어떤 메시지를 담고 싶은지 지속적으로 물었다고 회고한다.[3] 초기 음악적 역량이 부족한 멤버들에게 자신의 감성과 철학, 관심사 등을 노래와 가사, 춤으로 표현하도록 유도한 것이다. 스케줄 관리도 일방적으로 매니지먼트 팀에서 정하지 않는다고 한다. BTS 멤버들이 직접 음악을 만드는 데 참여하기 때문에 독립적인 아티스트처럼 일정을 매니지먼트 팀과 협의해서 정하도록 했다. 의상 콘셉트도 BTS 멤버들의 의견을 반영한다고 한다.

앨범의 핵심 콘셉트를 정하는 과정에서도 멤버들은 큰 역할을 담당했다. 실제 2013년 발매된 BTS의 첫 앨범은 학교를 주제로 만든 시리즈 3부작이었다. 2013년 당시 학교 콘셉트는 진부하거나 적어도 참신하다는 평가를 받기 힘든 소재였다. 1994년 서태지와 아이들이 발매한 '교실 이데아'의 파급력이 워낙 강했기 때문에 거의 20년 가까이 지난 2013년에 다시 학교를 주제로 음반을 낸다는 것에 대한 우려가 나올 수밖에 없는 상황이었다. 아마 탑다운 방식으로, 즉 경영진과 전문 프로듀서, 전문 작곡가가 결정했다면 도출하기 힘든 주제였을 것이다. 하지만 당시 BTS 멤버 대부분은 학생이었다. 당연히 학교에 대한 관심이 높을 수밖에 없었다. 철지난 콘셉트라는 우려에도 불구하고 경영진은 BTS 멤버들의 자율성에 손을 들어줬다. 어린 멤버들에게 자율성을 주고 만든 음악은 단기적 관점에서 보면 백전노장의 흥행 전문가가 기획하고 제작한 음악에 비해 성공 확률이 떨어질 수 있다. 하지만 장기적 관점에서 보면 잠재력 있는 멤버들의 성장을 도모할 수 있고 더 참신하면서 또래 고객과 더 큰 공감대를 형성할 수 있는 음악을 만들 수 있다는 점에서 긍정적 효과를 기대할 수 있다. 장기적으로 이런 판단은 적중했다.

경영 화두로 등장한 자율성

타인에 의해, 혹은 상황에 의해 강제적으로 의사결정이나 행동을 하는 것과 달리, 스스로가 주도적으로 의사결정을 하는 것을 의미하는 자율성autonomy은 인간의 본원적 욕구 중 하나다. 2~3세 영아들도 "내가! 내가!"를 외치며 타율이 아니라 스스로의 의지로 무언가를 하고 싶어 한다. 하지만 경영 분야에서 자율성은 비교적 최근에 부상한 이슈다. 과거 경영은 관리와 통제의 개념이 훨씬 강했다. 실제 경영을 뜻하는 영어 단어 'management'는 손을 뜻하는 라틴어 'manus'와 익숙해지다는 뜻의 'age'가 합해서 나온 말이다. 옛날에 말을 익숙하게 다루려면 손으로 고삐를 잘 잡아야 했다. 경영은 익숙하게 말을 다루듯이 조직원을 다룬다는 뜻을 내포하고 있었던 셈이다.

과거 경영자의 가장 중요한 역할도 바로 효과적인 통제였다. 그리고 통제의 대표적인 수단은 당근과 채찍이다. 대부분 기업들은 일을 열심히 하면 임금을 올려주고 승진도 시켜준다는 보상책과, 불성실하게 업무에 임했을 때 징계를 하는 등 채찍을 통해 종업원을 통제해왔다. 그런데 이런 방식은 사냥개 훈련 등 동물 사육에서 통용되는 방식이기도 하다. 사람에게 똑같은 방식을 쓰는 것에 대해 자괴감 같은 걸 충분히 가질 만하다.

인간을 이해하기 위해 노력해온 심리학자들이 앞장서서 반기를 들었다. 자아결정성이론self-determination theory[4]이 대표적이다. 이 이론에 따르면 당근과 채찍으로 대표되는 통제 방식은 인간의 행동에 분명히 영향을 끼치긴 하지만 더 좋은 방법이 있다고 제안한다. 처벌이 두려워서, 혹은 보상이 매력적이어서 일을 하는 것은 외재적 동기extrinsic motivation로 인한 것이다. 이와 달리 내가 그냥 즐거워서 하는 일도 있다. 게임을 하거나 취미생활을 하는 게 대표적이다. 내가 좋아서 하는 일은 특별히 보상이나 협박이 없어도, 심지어 몸이 아프거나 남들이 말려도 그 일을 하게 되는 게 인간의 본성이다. 또 마땅히 해야 할 옳은 일이기 때문에 행동에 나서는 경우도 있다. 명분이 있거나 윤리적으로 올바른 일이라면 자신의 손해를 감수하면서 행동에 나서는 경우도 많다. 이처럼 외부가 아닌 나의 내부에서 스스로 동기부여가 되는 게 바로 '내재적 동기intrinsic motivation'다.

외재적 동기는 사람을 움직이는 동인이기는 하지만, 그 효과가 내재적 동기에 미치지 못한다. 실제 퍼즐을 푸는 실험이나 학생기자들을 대상으로 한 실험에서 금전적 보상을 제공했다가 중단했을 때 업무에 대한 몰입도가 현저히 낮아지는 것을 목격할 수 있었다.[5] 아이들이 창문에 돌을 던지면서 놀자 집 주인이 돌을 던진 아이들에게 1달러를 주다가 점점 낮춰서 나중에 아예 한 푼도 주지 않았더니 아이들이 더 이상 돌을 던지지 않았다는 일화가 과학적으로도 입증되었다.

내재적 동기의 수준을 높이는 핵심 요인 중 하나가 바로 자율성이다. 외부 압력이나 돈과 같은 보상 때문이 아니라 내가 스스로 좋아서 자율적으로 선택하는 일에 대해 사람들은 더 높은 몰입도를 보인다. 지금까지 연구 결과들을 종합해보면 자율성이 높아질 때 업무의 성과가 향상되며 스트레스는 줄어들고 만족도와 행복감, 자존감, 유연성 등이 높아진다.[6]

심리학계에서 촉발된 자율성과 내재적 동기에 대한 논의는 이후 경영학계에서도 중요한 화두로 등장했다. 자율성을 촉진하는 조직문화를 구축한 기업들이 좋은 성과를 낸 사례들이 알려지면서 이에 대한 관심이 크게 높아졌다. 대표적인 기업이 고어텍스로 유명한 고어Gore&Associates다. 이 회사에서는 관리자가 특정 업무를 지시하는 일을 찾아볼 수 없다. 직원들 스스로 하고 싶은 일을 찾아내고 팀을 꾸려 업무를 수행하는 게 가능하다. 실제로 한 엔지니어는 수술용 섬유를 연구하다가 소리가 더 오래 지속되는 기타 줄에 대한 아이디어를 얻게 되었고 회사의 승인 없이 자발적으로 팀을 꾸려 3년 간 연구개발에 매진해 제품을 출시, 큰 매출을 올리기도 했다.[7] 미국 토마토 가공업체 모닝스타는 '상사', '직함', '승진' 같은 게 아예 없고 직원들은 동료와 협의해 할 일을 정하며 보상과 연봉도 동료들과 협의해 결정한다.[8] 관리자의 관리와 통제 없이도 얼마든지 성공적으로 경영을 할 수 있다는 사실이 알려지기 시작하면서 경영계에서는 소위 홀라크라시holacracy[9]가 유력한 미래 조직의 대안으로 떠오르며 경영자들의 관심을 모았다. 홀라크라시는 영국 작가 아서 케슬러가 만든 말로 자율적인 결합체를 의미하는 신조어 홀라키holachy와 지배를 뜻하는 크라시cracy를 조합한 것이다. 상하 간 직위와 역할이 명확하게 규정된 피라미드형 조직과 달리 홀라크라시에서는 조직 구성원들이 수평적인 관계 속에서 자율적으로 팀을 구성해 의사결정을 한다. 경직된 피라미드형 위계조직 구조 하에서 조직원들의 유연성이나 창의성이 잘 발현되지 않는다는 문제 제기가 나오면서 홀라크라시는 미래형 조직의 대안으로 주목받고 있다.

자율성을 부여하면 역량은 따라온다

자율성과 관련해 한국 경영계에서는 아직까지 이론적 관심에 그치는 경우가 많다. 대부분 연예기획사들과 마찬가지로 많은 한국 조직들은 당근과 채찍으로 대표되는 규율과 통제를 기반으로 운영되고 있다. 흥미롭게도 많은 경영자들은 직원들의 주인의식이 부족하다고 비판하면서 정작 주인의식의 핵심적 구성 요소인 자율성을 발현할 수 있는 분위기와 여건을 만들어놓지 않고 있다. 자발성을 핵심으로 하는 주인의식에 대한 갈망은 많지만 현실적으로 주인의식을 가질 수 있도록 권한을 위임하고 종업원 스스로 결정하고 행동하게 만드는 데에는 특별한 노력을 기울이지 않는 모순적인 태도를 보이고 있다는 것이다.

왜 직원들에게 권한을 주고 자율성을 촉진하지 않느냐는 질문에 많은 경영자들은 "직원들이 그럴 만한 능력이 없다"고 말한다. 타당한 이유 같아 보인다. 문제를 해결할 만한 역량이 부족한 직원들에게 함부로 자율성을 부여했다가 나중에 감당하기 힘든 문제가 생길 수 있다는 우려다. 하지만 조금 더 자세히 생각해보면 이런 이유가 과연 타당한 것인지 재고해볼 만한 충분한 이유가 있다.

우선, 인과관계가 잘못된 것일 수 있다. 역량이 떨어지기 때문에 권한을 줄 수 없는 게 아니라, 권한을 제대로 주지 않았기 때문에 역량을 쌓을 기회가 원천 봉쇄된 것 아닌지 의심해봐야 한다. 실제 과거 대우그룹이 세계경영으로 큰 성과를 냈을 때나 만성적인 인력부족 때문에 대리급 직원을 동구권이나 남미 국가의 최고 책임자로 파견하기도 했다. 나이가 어리고 경력이 짧지만 큰 책임을 맡게 된 젊은 직원들은 현지에서 장관급 인사들과 만나서 협상을 진행할 정도로 단기간에 비즈니스 역량을 키워냈다고 한다. 또 성공적인 청년 창업가들은 20대의 나이에도 효과적인 리더십과 탁월한 전략 수립 능력을 보이기도 한다. 즉, 스스로 의사결정을 해볼 기회를 가져본 적이 없기 때문에 더 큰 역량을 확보할 수 없었다고 볼 수도 있다. 만약 기회가 주어진다면 얼마든지 출중한 역량을 보일 수 있는 인재가 적지 않다는 얘기다.

역량이 부족하다는 주장에는 또 다른 문제가 있다. 바로 '학습과 성장'이라는 관점이 빠져있다는 점이다. 현재는 역량이 낮을 수 있지만 지속적인 학습을 통해 성장할 가능성도 충분하다. 전문성 연구자들에 따르면 천재성과 같은 타고난 역량은 아마추어 세계에서는 어느 정도 성과 차이를 가져올 수 있지만 프로의 세계에서는 별 의미가 없다. 예를 들어 IQ가 높으면 아마추어 체스 경기에서는 두각을 나타낼 수 있다. 하지만 프로의 세계에서는 더 이상 IQ가 성과 차이를 설명하지 못한다. 그렇다면 무엇이 프로의 세계에서 성과에 영향을 끼칠까. 바로 연습의 양과 질이다. 기존 한계를 돌파하기 위해 새로운 방식을 시도하면서 꾸준히 노력하는 사람이 프로의 세계에서는 게으른 천재를 '항상' 이긴다는 것이다. 음감이 부족한 사람이라도 체계적인 학습법을 통해 모차르트와 같은 절대음감을 가질 수 있다는 게 실제 입증되기도 했다.[10] 즉,

직원들 간 역량의 차이는 있겠지만, 교육의 양과 질이 충분하다면 대부분이 자율적으로 일할 수 있는 훌륭한 직원이 될 수 있다.

빅히트엔터테인먼트의 사례는 이런 점에서 매우 좋은 통찰을 준다. '방탄소년단의 아버지'로 불리는 방시혁 대표와 '방탄소년단의 작은 아빠'로 불리는 피독 수석프로듀서는 BTS 멤버들에게 연습생으로서 생활이나 규율 측면에서만 자율성을 준 게 아니다. 방대표나 피독이 가장 자신 있고 한국에서 최고의 역량을 가졌다는 평가를 받고 있는 음악 제작에 대해서 BTS 멤버들에게 자율권을 부여했다는 점에 주목할 필요가 있다. 방시혁 대표는 JYP에서 수석 작곡가를 지냈고 GOD의 〈하늘색 풍선〉, 박지윤의 〈난 사랑에 빠졌죠〉, 백지영의 〈총 맞은 것처럼〉, 2AM의 〈죽어도 못 보내〉 등 수많은 히트곡을 만들었다. 피독은 빅히트와 전혀 인연이 없었지만, 방시혁 대표가 운영하는 온라인 작곡 커뮤니티에 자신이 만든 곡을 올리면서 방 대표의 눈에 들어 빅히트에 합류했다. 어떤 연고나 인연 없이 오로지 실력 하나로 빅히트에 합류할 만큼 탁월한 역량을 가진 작곡가다. 앞서 조직원의 역량 부족으로 자율권을 줄 수 없다고 말하는 경영자처럼 두 사람도 작곡가로서 최고의 역량을 갖추고 있었기 때문에 BTS 연습생들의 실력은 자율권을 주기 힘든 수준이라고 판단했을 수도 있다.

하지만 이들은 어린 멤버들에게 과감하게 자율권을 부여했다. 물론 RM과 슈가처럼 작사 작곡에 상당한 재능을 보였던 래퍼에게도 자율권을 부여했지만 작사나 작곡을 한 번도 해보지 않았던 멤버들에게도 비트를 만들고 가사를 쓰도록 유도했다. 가사나 곡을 써 오면 피독이 피드백을 주고 개선을 요청했고, 이 과정이 계속되면서 멤버들의 역량이 커졌다. 힙합을 즐기지 않았던 멤버들도 있었지만 스스로 비트를 만들고 가사를 써가며 역량을 키웠다. 특히 빅히트는 개인별로 작업실을 주며 어린 멤버들을 아티스트처럼 제대로 대접해줬다. 이렇게 자율권을 부여하고 체계적인 훈련을 지원해준 덕분에 멤버들의 역량이 향상됐다. 실제 BTS 멤버 정국은 BTS에 합류하기 전 작곡을 해 본 경험이 없었다. 하지만 정국은 작곡을 시도했고 옷방 구석 책상에서 멜로디를 작업하다 피독이 이를 우연히 듣고 노래를 만들자고 제안했다. 결국 정국이 만든 멜로디를 기반으로 〈Love is not over〉란 곡이 탄생했다. 연습의 양과 질이 타고난 재능을 이긴다는 명백한 증거를 BTS 멤버들이 스스로 보여준 것이다.

스스로 음악을 만들 수 있는 기회를 줬고, 체계적인 훈련 과정을 통해 멤버들의 역량을 끌어올리려는 노력을 지속하면서 BTS 멤버들은 수많은 팬들의 감성을 자극하는 훌륭한 음악을 창작했다. 방탄소년단이 발표한 정규 앨범에 수록된 곡들의 대부분은 이런 집단 창작의 결과물이다. 스스로 탁월한 음악 제작 능력을 갖추고 있었지만 방 대표와 피독은 어린 BTS 멤버들을 믿고 이들에게 자율권을 부여했으며 적극적으로 참여시켰고 역량을 키워나갈 수 있도록 교육과 멘토링을 제공하며 신화를 만들어냈다. 직원들의 역량을 탓하기보다 기회를 주고, 학습과 성장의 여건을 제공하는 것은 이 시대 경영자의 가장 중요한 과제다.

경영의 목적을 '조직의 성장'이라고 여기는 경영자들이 적지 않다. 하지만 경영의 목적을 '사람을 키우는 것'이라고 생각하는 경영자들도 있다. 결국 사람이 커야 조직의 성장이 가능하다는 생각에서 당장 직원들의 역량을 최대한 이용해 단기 이익을 창출하기보다, 인재 육성과 성장을 의사결정의 중심에 놓고 경영을 하는 경영자들도 있다. 필자의 경험에 따르면 당장의 성과를 추구하는 경영자보다 인재의 육성과 성장에 중점을 둔 경영자가 장기적으로 항상 더 큰 성과를 낸다.

자율권, 모든 영역에서 확대할 수 있다

어떤 경영자들은 업무 특성상 자율성 부여가 바람직하지 않다는 견해도 피력한다. BTS의 경우 극도로 높은 수준의 창의성을 요구하는 엔터테인먼트 산업이기 때문에 자율성을 극대화하는 게 좋은 전략일지 몰라도 정해진 업무를 반복해야 하는, 혹은 매뉴얼을 충실히 이행해야 하는 분야에서 자율성을 부여하면 조직의 성과가 악화될 수 있다고 주장하는 경영자들도 있다. 실제 엄밀한 학술 연구 결과도 이를 뒷받침한다. 세분화된 업무 매뉴얼을 수행해야 하는 직군일수록 자율성이 성과에 미치는 영향은 제한적인 것으로 나타났다.[11]

하지만 현실에서는 자율성 부여가 어려운 업무 영역에서도 혁신을 이뤄낸 사례를 어렵지 않게 찾아볼 수 있다. 공식적으로 관리자 직급을 폐지하고 홀라크라시로의 전환을 선언한 온라인 신발 판매업체 자포스가 대표적인 사례다.[12] 이 회사가 유명해진 것은 매뉴얼을 충실히 이행해야 하는 직무로 알려진 콜센터 직원들 덕분이다. 보통 콜센터는 효율을 높이기 위해 빠른 시간 안에 고객 문제를 해결하도록 강제한다. 하지만 자포스는 고객에게 최선을 다해 서비스를 해야 한다는 기본 원칙만 강조했고 통화 시간이나 방법 등과 관련해서는 어떤 규제도 하지 않았다. 목표를 달성하는 데 도움을 주는 방법을 직원 스스로 결정하도록 했다.

이렇게 자율성을 부여하자 콜센터 직원들은 한 고객과 6시간 동안 통화를 하며 문제를 해결해주기도 했고, 경쟁사 사이트에서 고객들이 원하는 제품을 찾아주기도 했다. 고객이 원하면 피자 배달 번호도 알려줬다. 당장은 이런 직원들의 태도가 조직에 피해를 가져올 수 있다. 직원들의 시간은 회사 입장에서 아주 소중한 자산이다. 그런데 매출에 직접 기여하지 못하는 피자집 전화번호를 찾는 데 직원의 시간을 쓰는 건 효율적이지 못한 경영 같아 보인다. 하지만 이런 콜센터 운영 방침 덕분에 장기적으로는 고객 충성도가 높아졌다. 또 고객들의 입소문을 타고 상담원들의 태도가 알려지면서 기업 가치를 엄청나게 상승시켰다. 아마존이 자포스를 12억 달러에 인수한 것도 이처럼 자율성에 기반한 고객 지향적 마인드가 조직 내에 스며들었기 때문이다. 정해진 동작을 완벽하게 수행해야 하는 게 당연한 것 같은 공장에서도 자율성의 향상이 종업원들의 만족도 뿐만 아니라 성과 향상을 가져왔다는 연구 결과도 있다.[13]

마트나 편의점, 놀이공원, 호텔 등 서비스 업종에는 임금 수준이 낮고 호봉 승급도 잘 이뤄지지 않으며 경력에도 큰 도움이 안 되는 질 낮은 일자리가 많다. 따라서 고객 서비스의 질도 낮아지고 이로 인해 기업의 경쟁력이 약화되기 때문에 일자리의 질이 낮아지는 악순환의 고리가 형성돼있는 사례가 많다. 하지만 미국에서는 이런 분야에서도 종업원의 자발성을 높여 악순환의 고리를 선순환의 고리(직원에 대한 교육 복지 투자→직원의 자발성 및 몰입도 향상→고객 만족도 향상→기업 경쟁력 강화→직원 처우 개선)로 탈바꿈한 사례도 다수 존재한다.[14]

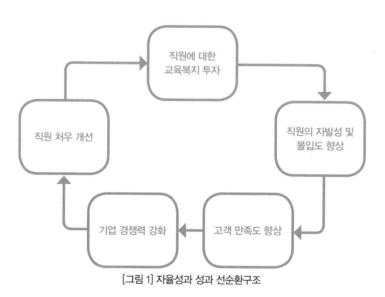

[그림 1] 자율성과 성과 선순환구조

현장에서 '백전노장'이라는 평가를 받았던 고수급 경영자들의 성공 비결 중 하나도 어떤 직무에 있든 자율적으로 새로운 혁신 방안을 고민하도록 유도한 게 성과를 낸 원동력이라고 강조한다. 조정남 전 SK텔레콤 부회장은 DBR(동아비즈니스리뷰)과의 인터뷰에서 "직원들에게 '출근할 때 몸만 가져오지 말고 머리도 가져와라'는 이야기를 자주 했다. 직원들의 역량을 끌어내기 위해서는 '이거해라, 저거해라' 하면 안 된다. 그들이 자기 목표를 갖고, 자발적이고 영리하게 일하는 게 중요하다. 그러면 시키지 않은 일까지 도맡아서 하려고 할 것이다."라고 말했다.[15]

결국 업무 특성과 상관없이 자율적으로 의사결정을 할 수 있도록 기회를 주고, 역량을 키우도록 유도하는 것은 튼튼한 조직을 만들기 위한 경영자의 핵심 과업이라고 볼 수 있다. 이런 조직문화 속에서 역량을 끌어올린 사람에게 더 큰 직책을 맡기는 건전한 성과 평가 및 보상 시스템이 급변하는 경영 환경에서 기업의 경쟁력을 크게 강화시킬 것이다. 이런 점에서 방시혁 대표가 나이 어린 소년들에게 부여했던 파격적 자율권은 BTS의 놀라운 글로벌 성과의 중요한 원동력이 되었다고 볼 수 있다.

가치 있는 인재의 조건

자율성은 경영환경의 불확실성이 높아질수록 그 가치가 집중 조명될 수밖에 없다. 과거 경영에 정답이 있었던 시기에는 똑똑한 몇 몇 경영진의 의사결정만으로 조직이 잘 운영될 수 있었다. 하지만 지금처럼 경쟁이 치열해지고 파괴적 변화가 잇따르고 있는 환경에서 현장과 유리된 소수의 경영진이 정답을 찾을 수 있다고 단언하는 태도는 매우 위험하다. 경영환경이 안정적일 때에는 리더가 모든 보고를 받고 의사결정을 해주는 시스템을 갖고 있어도 큰 문제가 생기지 않았다. 하지만 지금의 경영 환경은 어디서 포탄이 날아올지 예측하기 힘든 전쟁터와 유사하다. 이런 환경에서 과거와 같이 수직적이고 위계적인 경영 시스템을 갖고 있는 조직은 많은 문제를 야기할 수 있다. 예를 들어 갑작스러운 기습공격이 발생했을 때 상부에 보고하고 지시를 기다리는 관행을 유지한 조직은 상관에게 보고를 하고 지시를 하달 받을 때까지 우왕좌왕하다가 적군에게 섬멸당할 수 있다. 자율적인 조직은 갑작스러운 상황 변화가 생기더라도 즉각 현장에서 대응할 수 있는 역량을 갖추고 있기 때문에 생존 가능성을 높일 수 있다. 경영환경의 불확실성이 높아질수록 자율성을 가진 직원들이 현장에서 시장의 변화를 감지하고 적극 대응하면서 역량을 키워나가도록 유도해야 한다.

결국 자율성은 지속가능한 조직을 만드는 데 필수적인 요소로 부상하고 있다. 하지만 빛이 생기면 그림자도 생긴다. 부작용이나 문제가 없는 완벽한 솔루션은 거의 없다. 자율성은 환경 변화에 유연한 대응을 가능케 하고 조직원들의 몰입도와 내적 동기부여의 수준을 높인다는 확실한 장점이 있지만 이에 따르는 단점도 갖고 있다. 바로 '무임 승차자free rider' 이슈다. 자율적인 조직 문화에서 자유를 향유만 할 뿐 가치 창출에는 동참하지 않고 과실만 얻으려는 사람들이 생길 수 있다. 실제 필자와 만난 한 벤처 기업가는 "스스로 일하는 조직문화를 만들어야 한다는 신념을 갖고 문화를 구축하는 과정에서 일부 프리 라이더가 발생하면서 조직 전체에 부정적 영향을 끼쳤다"며 "무임 승차자들은 대안 없이 비판만 하고 정작 고객 가치 창출에는 거의 기여하지 않는다."고 말했다.

이런 문제에 대한 완벽한 해답은 존재하지 않는다. 그리고 일부 부작용을 감수하더라도 자율성을 강화하는 정책을 추진하는 게 미래를 위한 더 좋은 선택이란 점도 분명하다. 따라서 자율성을 강화하면서 그로 인한 부작용을 최소화할 수 있는 현실적인 대안을 모색해야 한다. 무임 승차자를 선별해서 퇴출하는 간편한 대안을 생각해볼 수 있다. 하지만 엄격한 고용 관련 법규를 준수해야 하는 한국 상황에서 이런 대안은 실행 불가능한 경우가 더 많다. 보다 현실적인 대안은 공정한 성과 평가와 보상체계 실행, 360도 피드백 강화, 역량과 태도 개선을 위한 교육 및 코칭 등이다. 이런 방법은 비용이 많이 들고 단기간에 효과가 바로 나타나지 않는다는 한계도 있다. 하지만 조직의 장기적 성과를 위한 투자라는 관점에서 이런 시스템을 구축할 필요가 있다.

이런 방법들보다 더 효과적인 대안이 하나 있다. 바로 채용이다. 경영 사상가 짐 콜린스의 표현대로 '적합한 사람을 버스에 태우는 것'16) 이 버스의 목적지를 정하는 것보다 훨씬 중요하다는 관점에서 채용 시스템을 제대로 확립하면 자율성 확대로 인한 부작용을 최소화할 수 있다. 그렇다면 자율성 확대에 따른 부작용을 최소화할 수 있는 적합한 인재는 어떤 사람일까?

'조직에서 가치를 창출하는 인재talent'라는 관점에서 사람에게 필요한 요소는 다음과 같이 크게 세 가지로 구분해 볼 수 있다. 첫째는 신체적Physical 요소 즉, 키나 외모, 근력 같은 것이다. 과거 육체노동이 주를 이뤘을 때 이런 신체적 요소는 인재를 채용할 때 매우 중요한 고려 요인으로 작용했다. 신체적 조건이 좋은 인재가 더 많은 일을 할 수 있을 것으로 기대를 모았기 때문이다. 그런데 육체노동의 비중이 줄어들고 지식노동의 비중이 커지고 있는 현대 사회에 이런 물리적 요소의 중요성은 현저히 떨어질 수밖에 없을 것 같다. 그렇지만 반드시 그런 것은 아니라고 한다. 포천 500대 기업의 최고경영자들은 일반인에 비해 키가 6cm 정도 더 크며, 군대 지도자와 정치인들도 유사한 것으로 나타났으니 말이다.[17] 실제 기업에서 인재를 채용할 때 다른 조건이 유사하다면 신체적 조건이 뛰어난 사람이 면접관들에게 호감을 줘 채용될 확률이 높다.

두 번째 요소는 기량competency이다. 얼마나 많은 지식과 기술을 갖추고 있는지, 특정 분야에서 얼마나 많은 경험을 축적하고 있는지, 문제 해결 역량은 얼마나 뛰어난지 등에 대한 것이다. 과거 인재 채용 및 선발 과정에서 기량은 가장 중요한 평가 요소였다. 만약 마케팅 담당자를 뽑는다면, 마케팅 분야에서 오랫동안 경험을 쌓았고, 해당분야 학위도 갖고 있으며, 창의적인 마케팅 아이디어

[그림 2] 인재의 요소

를 실천해 성과를 냈다면 선발 1순위가 되는 것은 당연한 일이다.

세 번째 요소는 인성personality이다. 도덕성이나 열정, 끈기, 성실성 같은 것을 뜻한다. 인성은 앞서 언급한 두 요소와 다소 다른 특징이 있다. 첫 번째 물리적 요소 측면에서의 우월성은 비교적 쉽게, 그리고 직관적으로 판단할 수 있다. 두 번째 요소인 기량은 대화를 해보거나 과거 업적을 찾아보고 함께 일했던 사람들의 평판 조회를 통해 어느 정도 객관적인 데이터를 확보할 수 있다. 반면, '열 길 물속은 알아도 한 길 사람 속은 모른다'는 속담처럼 인성은 제대로 파악하기 쉽지 않다.

만약 여러분이 엔터테인먼트 회사를 운영하고 있다면 수많은 지원자들 중 연습생을 선발할 때 어떤 요소에 집중할 것인가? 비주얼을 강조하는 K팝의 특성상 첫 번째 신체적 요소는 매우 중요하게 고려할 게 분명하다. 외모가 탁월하면 대중의 시선을 사로

잡을 수 있기 때문이다. 또 엔터테인먼트 업종에서 가치를 창출하려면 랩이나 가창력, 작사 작곡 능력, 춤 실력 등도 매우 중요하다. 즉, 두 번째 요소인 기량에 대해서도 신경 쓰지 않을 수 없다. 마지막 세 번째 요소는? 아마도 다른 두 가지 요소에 비해 후순위로 밀릴 가능성이 높다. 뛰어난 외모와 음악적 재능이 있다면 팬들에게 사랑받을 확률이 매우 높다. 반면 도덕성이나 열정, 끈기 같은 요소는 첫 번째나 두 번째 요소에 비해 대중에게 직접적으로 노출되기 힘든 부분이다. 특히 카메라 앞에서는 누구라도 '페르소나(persona, 타인에게 비치는 외적 인격)'만 보여주면 된다. 게다가 인성 요소를 판별할 수 있는 객관적인 방법을 찾기도 힘들다. 따라서 심각한 수준의 인성 문제만 아니라면 첫 번째와 두 번째 요소를 갖춘 지원자에게 더 큰 점수를 줄 확률이 높다.

하지만 방시혁 대표는 세 번째 요소에 대해 남다른 관심을 갖고 있었다. 연습생을 선발할 때 첫 번째 '신체'와 두 번째 '기량' 요건이 차고 넘친다 하더라도 세 번째 '인성' 요건에서 문제가 발견되면 선발하지 않는다는 원칙을 갖고 있다. 인성은 성실, 끈기, 도덕성, 배려, 음악에 대한 열정 등과 관련이 있다. 실제 방 대표는 "음악을 싫어하면 무조건 탈락이죠. 음악에 대한 열정을 보여주지 못하는 친구는 아무리 잘났어도 탈락입니다. 방탄소년단은 진짜 독하게 음악 하는 애들이에요. 힙합이 싫으면 함께할 수 없었어요. 우리가 힙합을 사랑하는 방법까지 가르칠 순 없잖아요."[18] 라고 말하기도 했다.

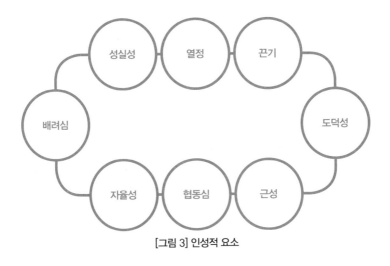

[그림 3] 인성적 요소

실제로 빅히트엔터테인먼트는 연습생 선발 과정에서 신체적 요소와 기량뿐만 아니라 인성에 대해 검증하는 시스템을 갖춰 놓았다. 연습생이 될 만한 잠재력이 있다고 판단될 경우, 세 달 정도 레슨을 받게 하는데, 앞서 언급한대로 이 과정에서 구체적으로 시간이나 학습 내용을 통제하지 않는다. 스스로 알아서 일정을 정해서 연습해야 한다. 이런 과정에서 음악에 대한 열정이 얼마나 있는지를 자연스럽게 알 수 있다. 또 심리상담 전문가가 참여해 인성을 점검할 수 있는 시스템도 구축했다. 따라서 음악에 대한 열정과 기본적인 인성을 갖춘 연습생을 발굴하고 있다.

왜 이렇게 인성을 중시할까. 신체적 요소는 즉각적인 가치 창출에 기여한다. 인간의 행동에 직접적인 영향을 주는 감정을 자극하기 때문이다. 하지만 재능이나 인성 등 다른 요소가 뒷받침되지 않으면 신체적 매력으로 인해 생성된 호감도는 오래 지속하지 못한다. 브래드 피트와 안젤리나 졸리 같은 최고의 신체적 조건과 아름다움을 가진 연예인 커플도 이혼을 한다. 아름다움은 즉각적인 감정에 영향을 끼치지만 이게 지속되려면 다른 요소가 필요하다.

기량은 가치를 창출하는 데 직접적인 영향을 끼치는 요소다. 하지만 당장 기량이 부족한데 인성이 뛰어난 사람과, 기량은 출중한데 인성에 문제가 있는 사람을 비교하면 장기적으로 항상 전자가 이긴다. 기량 문제는 노력을 통해 극복이 가능하지만, 인성은 여간해선 잘 바뀌지 않기 때문이다. 인성과 기량이 모두 탁월하다면 고민할 필요조차 없겠지만, 현실에서 이런 인재는 많지 않다. 따라서 기량과 인성 중 하나를 선택해야 하는 상황에 자주 직면한다. 이런 상황에선 인성을 선택해야 장기적으로 후회할 일이 생기지 않는다. 또 인성이 좋은 사람은 노력을 통해 부족한 기량을 확보하는 과정에서 경외감을 만들어내 신체적 매력도의 불리함마저 극복할 잠재력도 갖고 있다. 실제 글로벌한 팬들의 지지를 얻어낸 BTS의 핵심 콘텐츠 중 하나는 불굴의 의지를 갖고 도전을 이어나간 멤버들의 성장 스토리와 인성이었다.

인성, '담당'을 뛰어넘는 성장의 원천

K팝의 대표 상품이라 할 수 있는 아이돌 그룹은 음악과 퍼포먼

스, 비주얼 등의 종합 패키지를 제공한다는 점에서 다른 나라의 대중예술가들과 차별적 경쟁력을 갖고 있다. 즉, 노래와 랩, 춤은 기본이고, 질 높은 뮤직비디오에 멤버들의 아름다운 외모, 팬들과의 잦은 소통, 높은 수준의 예능감, 글로벌리티를 통한 가치 창출까지 토털 패키지를 제공해 팬덤을 확보해왔다. 해외 아티스트들이 이 가운데 하나 혹은 두세 개 정도의 분야에서의 탁월성을 토대로 시장을 개척한 것과 비교된다.

이런 토털 패키지를 제공하기 위해서는 멤버들 간의 역할 분담이 필수적이다. 한 사람이 노래와 랩, 춤, 예능감과 아름다운 외모나 신체적 조건, 외국어 구사능력까지 모두 갖추는 건 거의 불가능에 가깝기 때문이다. 그래서 K팝 특유의 '담당'이 생겨났다. 가창력, 춤, 랩, 예능, 외국어 구사 등 전통적이고 정형화된 담당이 생겨난 지 오래고, 최근에는 이보다 훨씬 세분화된 창의적인 담당 영역들(귀여움, 개그, 노잼, 순수, 애교 등)까지 생겨나고 있다. 멤버마다 특화된 역할을 맡고 있으며, 이런 개성을 토대로 멤버들 간 시너지를 유도해 시장을 공략하고 있는 셈이다.

BTS도 마찬가지로 멤버마다 특정 영역에서 독특한 기량을 갖고 있다. RM과 슈가는 작사/작곡과 랩에 탁월한 재능을 갖고 있어 발탁되었으며, 제이홉과 지민은 춤으로 뷔, 정국, 진은 노래와 비주얼 측면에서 팀에 기여하며 팬덤을 확보해왔다. 이런 점에서 방탄소년단은 토털 패키지라는 K팝의 전통적인 경로를 따라갔다고 볼 수 있다.

하지만 BTS 멤버들은 초기 각자의 특화된 영역이 있었음에도 춤과 노래, 작곡, 작사 등과 관련해 대부분이 독립적인 아티스트로 역할을 할 수 있을 만큼 일정 수준 이상의 기량을 확보했다는 점에서 차별화된 특징을 갖고 있다. 즉, 랩에 특화된 멤버는 춤과 관련한 역량이 부족했고, 춤에 특화된 멤버는 작사나 작곡 능력이 탁월하진 않았다. 하지만 이들은 치열한 노력을 통해 아티스트로서의 역량을 확보했다. 사실 여러 멤버가 팀을 이뤄 고객 가치를 창출하고 있기 때문에 자신의 특화된 영역에만 집중하고, 나머지 다른 영역은 무대에 설 수 있을 정도의 역량만 확보해도 충분하다고 생각할 수 있다. 군이 춤을 잘 추는 멤버가 작사, 작곡까지 할 필요는 없다고 생각할 수도 있다는 것이다. 하지만 방시혁 대표는 작사, 작곡, 춤, 가창력 부분에서는 독립적 아티스트로 성장할 수 있을 만큼 역량을 키우도록 유도했다.

예를 들어, 작사 작곡과 랩에 탁월한 실력을 갖고 있는 슈가는 다른 래퍼들과 마찬가지로 춤에 대해서 별 관심이 없었던 듯하다. 그래서 슈가는 한 TV 예능 프로그램에서 자신에게 거짓말을 한 사람이 있다며 방시혁 대표에게 애교 섞인 불만을 토로하기도 했다. 슈가는 "(방시혁 대표가) 원타임1TYM 선배 같은 그런 그룹이 될 거고 안무 필요 없이 랩만 열심히 하면 된다고 했는데, 지금 방송국에서 우리 안무가 제일 힘들다"며 예능감 있게 방시혁 대표를 공격했다.[19] 이에 방 대표는 "춤 연습이 더 필요한 것 같다"고 받아쳤는데, 실제로 BTS의 춤 연습은 혹독한 수준으로 알려져 있다. 데뷔 전과 데뷔 초에는 하루 16시간씩 춤 연습을 했다고 한다. 심지어 해외 스케줄이 잡혔을 때에도 춤 연습만큼은 시간을 내서 별도로 진행하고 있다. 이런 노력을 통해 BTS 멤버들은 무대에서 관객을 압도할 수 있을 정도의 춤 실력을 확보했다. 방탄소년단에 입덕(팬이 되는 것을 말함)한 팬들 가운데 화려한 퍼포먼스에 반한 경우도 많다.

멤버 가운데 나이가 가장 많은 맏형으로 연극영화과 출신인 진의 스토리도 흥미롭다. 외모가 탁월하고 연기를 전공했기에 처음에는 노래와 작곡 분야에서 역량이 뛰어나지는 못했다. 실제 초기 앨범에서 진이 노래한 부분의 비중은 비교적 작았다. 하지만 남다른 노력을 통해 하루가 다르게 역량을 키워나갔고 시간이 지날수록 분량이 늘어났다. 2016년 말 출시된 앨범에서는 스스로 만든 곡을 실을 정도로 작사와 작곡 능력까지 키웠다.

이렇게 특정 담당에 안주하지 않고 춤과 노래, 작사, 작곡 같은 핵심 분야에서 일정 수준 이상의 역량을 키워낼 수 있었던 직접적인 원인은 치열한 훈련과 연습이다. 이는 앞서 소개한 대로 프로의 세계에서 숙련도는 훈련의 양과 질에 의해 좌우된다는 전문성 연구자들의 일관된 연구 결과와도 일치한다.[20] 하지만 세상의 모든 사람이 엄청난 양과 질의 훈련을 소화해낼 수 있는 것은 아니다. 이를 가능케 한 근본 동력이 바로 인성이다. 기본적인 도덕성을 갖추고 있으면서 음악에 대한 열정이 남달랐고 멤버 한 명도 빠짐없이 탁월한 성실성을 보여줬기 때문에 BTS 멤버들은 엄청난 양의 훈련을 감당하며 성장할 수 있었다. 그리고 이런 성장 스토리는 고스란히 팬덤의 확산에 기여했다. 인성을 중시한 채용 전략은 장기적으로 좋은 결과를 가져온다는 것을 BTS의 사례에서 확인할 수 있다.

팀워크는 인성에서 온다

인성은 장기적으로 성과를 내는 데 반드시 필요한 요소이기도 하지만, 미디어 환경이 변화하면서 리스크를 낮추고 고객 충성도를 강화한다는 측면에서도 중요한 역할을 한다. 앞서 카메라가 있는 곳에서는 자신의 본모습과 상관없이 페르소나만 보여주면 되기 때문에 인성 문제가 별로 중요한 이슈가 아니라고 생각하는 사람도 있을 수 있다는 점을 언급했다. 하지만 이런 생각은 잘못된 것일 수 있다. 한때 최고의 인기를 누리던 걸그룹 티아라가 인기에 큰 타격을 입은 것이 대표적인 사례다.

학교 폭력 등이 사회적 이슈가 되고 있을 때 티아라는 하필 왕따 논란의 주인공이 되면서 엄청난 비난을 받게 되었다. 흥미로운 점은 이들이 카메라 앞에서 페르소나를 보여줄 때에는 아무런 문제가 없었다는 것이다. 멤버들이 일상적으로 날린 트윗 내용이 팬들에게 알려지면서 논란이 점차 확산되다가 엄청난 여론의 관심을 모으게 되었다. 논란의 시발점은 한 티아라 멤버가 쓴 '의지가 사람을 만들 수도 있는데... 안타깝다... 옆 사람을 돌봐야 한다'는 트윗 멘션이었다. 이 내용만으로는 누구를 비난하는지 정확히 알기 어려웠다. 그런데 다른 멤버들이 유사한 내용을 리트윗 하면서 대중들이 배경에 대해 관심을 갖게 됐고, 다양한 온라인상의 흔적과 코멘트들을 추적하던 네티즌들은 결국 특정 멤버를 왕따시켰다는 의혹을 제기했고 논란이 폭풍처럼 커져갔다. 여기에 소속사의 무능한 대응이 오히려 위기를 키웠고 티아라는 논란의 사실 여부와 관계없이 인기에 큰 타격을 받고 말았다.

이처럼 초연결 시대에 카메라 앞에서의 정제된 행동만으로 리스크 요인이 사라지지 않는다. 실제 무대나 공연에서의 사소한 행동을 분석하며 콘텐츠를 만들어내 공유하는 수많은 네티즌들이 존재하기 때문에 가장 본질적인 리스크 관리는 좋은 인성을 가진 사람들로 멤버를 구성하고, 실제로 좋은 팀워크를 유지하는 것이다. 페르소나로 감추고 위장하는 것은 언제 터질지 모르는 시한폭탄을 들고 다니는 것과 같다.

방탄소년단은 인성과 팀워크 측면에서 바람직한 모습을 보여 왔다. BTS 멤버들은 글로벌 시장에서 충분한 인지도를 갖추고 톱스타 반열에 올랐지만 자만에 빠지지 않았다는 평가를 받고 있다. 아직까지 음주운전 등 사회적으로 부정적 이슈가 될 만한 행동도 하지 않았다. 또 다양한 미담 사례들이 팬들에게 회자되면서 충성도를 높이고 있다. 예를 들어 이미 톱스타 반열에 올랐던 2017년 말, BTS 멤버들은 한 시상식에서 대상을 받기 위해 무대로 가던 도중, 무대에 전구가 빠져있는 것을 발견하고 전구를 끼워주는 모습을 보여주기도 했고, 방송국 복도에서 길을 묻는 어르신에게 친절하게 안내해주며 인사하는 모습이 우연히 카메라에 잡히기도 했다. 카메라 스태프의 시중을 드는 모습을 보여주기도 했으며 녹화 후 쓰레기를 줍는 모습도 팬들에게 노출됐다. 2017년 아메리칸 뮤직 어워드 무대에 앞서 리허설을 지켜본 행사 관계자의 딸은 "다소 무례한 태도를 보여주는 톱스타들이 적지 않은데 방탄소년단은 예의를 갖추고 존경심을 갖고 사람을 대하는 모습이 인상적이었다"고 말하기도 했다. 한 해외 팬은 방탄소년단이 왜 좋은지를 묻는 질문에 "겸손해서"라고 답하기도 했다. 온라인 및 소셜미디어 세상에서 사소한 행동들은 모두 콘텐츠화되어 유통되고 있다. 그리고 이런 콘텐츠들은 기존 팬들의 충성도를 높이며 새로운 팬을 끌어들이는 촉매제 역할을 톡톡히 하고 있다.

팀워크란 측면에서도 방탄소년단은 주목할 만하다. 많은 아이돌 그룹이 팀 내 불화와 갈등으로 활동을 중단하곤 한다. 하지만 방탄소년단은 단순히 팀워크를 중시하는 수준이 아니라 인생의 좌우명처럼 팀워크를 소중히 여기는 모습을 곳곳에서 찾아볼 수 있다. 일례로 2016년 멜론뮤직어워드에서 대상에 해당하는 '올해의 앨범상'을 받은 후 방탄소년단은 트위터에 "teamwork makes the dream work"라는 글을 올렸다. 또 2017년 싸이 이후 한국어 노래 가운데 처음으로 빌보드 핫 100 차트에 진입했을 때 이 소식을 전하면서도 같은 메시지를 전달했다. 시상식장에서는 서로에게 자리를 양보하는 모습이 자주 목격되기도 한다. 특히 다양한 시상식에서 수상자로 호명된 BTS 멤버들은 곧바로 무대에 오르지 않는다. 멤버들 모두 신성한 의식을 진행하는 것처럼 모두가 어깨동무를 하고 서로를 격려한 후 시상대에 올랐다. 대부분 지방 출신인 멤버들은 명절에 각자의 고향에 내려가면 다들 제일 맛있는 반찬을 나눠먹으려고 숙소에 싸가지고 올라왔다는 에피소드도 있다.

물론 항상 사이가 좋은 것은 아니다. 성격과 배경, 나이가 다른 7명의 멤버들이 모였기 때문에 갈등이 생기지 않는 건 불가능하다. 갈등 해결과 관련하여 방시혁 대표는 확고한 원칙을 갖고 있다. '싸움이 생기는 건 어쩔 수 없다. 싸울 거면 치열하게 싸워라. 다만 해결은 모두가 같이 하라'는 원칙이다. 즉, 특정 멤버 간 갈등이 생겼다며 당사자들끼리 의견을 모두 표출하면서 치열하게 싸울 건 싸워도 좋다는 것이다. 다만, 당사자끼리만 해결하지 말고, 멤버 모두가 함께 해결책을 고민해서 솔루션을 찾도록 유도했다. 갈등을 덮고 넘어가면 당장은 문제가 없는 것처럼 보이지만 마음 속 깊은 곳에서 갈등의 불씨가 쌓여가다가 결국 나중에 되돌아올 수 없는 강을 건너버리는 사례를 적지 않게 볼 수 있다. 하지만 이런 원칙을 적용하면 갈등을 확실하게 정리하고 넘어갈 수 있다. 해묵은 갈등이 사라져야 장기적인 팀워크가 유지될 수 있다.

실제 이런 원칙이 적용되면서 멤버들 간 강력한 유대관계가 형성되었다는 것을 유추할 수 있는 다양한 에피소드들이 팬들 사이에 공유되고 있다. 예를 들어 막내 멤버인 정국이 학교를 졸업할 때 멤버 전원이 참석해 축하해주는 모습을 연출했고, 리더인 RM

은 콘서트장에서 "이런 여섯 명 어디 가서도 못 만나요. 스케줄 펑크 한 번도 안내고, 제 자신을 믿지 못하는 저를 믿고 맡겨주고"라고 말하는 등 강한 신뢰감을 드러내기도 했다. 걸출한 스타가 되었지만 여전히 숙소 생활을 이어가며 팀워크를 다지고 있는 것도 눈여겨볼 대목이다. 나이가 가장 많은 멤버 진의 활약도 두드러진다. 그는 리더인 RM보다 나이가 많다. 하지만 RM이 리더 역할을 잘 할 수 있도록 항상 자신을 낮추고 의도적으로 '아재 개그'를 하며 동생들이 편하게 자신을 대할 수 있도록 유도하고 있다. 또 지민은 생일에 멤버들에게 계속 손 편지와 선물을 주면서 멤버들 간에 생일선물을 주고받는 문화를 만들었고, 뷔는 카메라 없이 멤버들끼리 떠난 MT에서 새벽에 일어나 산더미 같은 설거지를 혼자 자청해서 하기도 했다고 한다. 안무팀장인 제이홉과 춤을 잘 추는 멤버들은 춤이 부족한 멤버들을 위해 자신의 휴식시간을 반납하고 춤을 지도해주고 슈가는 개인휴가기간에도 동생들을 격려하는 문자를 보내기도 하는 등 멤버들은 팀워크라는 공통의 가치를 위해 노력하고 있다. 방탄에서 가장 나이가 어린 정국은 힘든 스케줄이나 연습 같은 것은 힘들지 않은데 형들이 힘들어하는 것을 보는 것이 가장 힘들다며 〈Begin〉이라는 노래에 마음을 담기도 했다.

Begin

아무것도 없던 열다섯의 나

세상은 참 컸어 너무 작은 나

이제 난 상상할 수도 없어

향기가 없던 텅 비어있던 나 나

I pray

Love you my brother 형들이 있어

감정이 생겼어 나 내가 됐어

So I'm me

Now I'm me

죽을 것 같아 형이 슬프면

형이 아프면 내가 아픈 것보다 아파

Brother let's cry, cry 울고 말자

슬픔은 잘 모르지만 그냥 울래

Because, because

You made me again

〈2016 WINGS 앨범, 정국 작사〉

방탄소년단의 인성과 팀워크는 미디어 노출을 위해 가식적으로

만들어냈다고 보기 힘들 만큼 수많은 에피소드와 활동을 통해 팬

들에게 노출되고 있다. 그리고 이런 모습은 방탄소년단의 경쟁력을 한층 강화시키는 원동력이 됐다. 사회의 모든 영역에서 비밀이 사라지고 있다. 과거 얼마든지 은밀하게 숨길 수 있을 법한 기업 조직 내부의 이슈들이 블라인드 같은 앱을 통해 모두가 알 수 있는 세상이다. 오너 일가와 관련된 이슈처럼 철저하게 비밀로 다뤄졌던 이야기도 인터넷을 통해 공개되고 있다. 기업 내부의 깊숙한 이야기도 녹취 파일이나 영상 파일 등을 통해 대중에게 언제라도 알려질 수 있다. 이제 숨기고, 관리하고, 통제하는 방법으로 리스크를 관리할 수 있다는 생각은 버려야 한다. 내가 하고 있는 모든 행동이 대외적으로 공개될 수 있다. 윤리기준에 부합하는 행동과 의사결정을 하지 않으면 어떤 문제가 나중에 생길지 알 수 없는 세상이다. 이런 시대에 최고의 리스크 관리 기법은 실제로 좋은 인성을 가진 조직원을 확보하고, 이들 간 강력한 팀워크를 구축하면서 진심을 다해 좋은 고객 가치를 투명한 방법으로 창출하는 것이다. 방탄소년단의 최고 경쟁력은 훌륭한 인성을 갖춘 멤버들이 스스로 발전해가는 모습을 팬들에게 보여줬다는 점이다.

▶자율성은 직원들의 내적 동기에 긍정적 영향을 끼쳐 몰입도 상승과 성과 향상을 가져온다.

▶직원들 역량이 부족해보여도 최대한 자율성을 부여해 역량 향상 기회를 제공하라. 직원들 역량이 부족하다고 느낀다면, 이는 경영진의 경영 역량이나 리더십 부족 때문일 확률이 높다. 똑같은 사람도 어떤 조직에서 일하느냐에 따라 180도 달라지는 경우가 많다.

▶역량이 다소 떨어지더라도 인성을 갖춘 인재를 뽑아라. 부족한 역량은 교육과 훈련을 통해 보완이 가능하지만, 인성은 바꾸기가 매우 어렵다.

▶갈등을 감추려 하지 말고 표면화시키고, 공동으로 해결하도록 유도하라. 갈등을 적당히 뒤덮는 행동은 미래를 향해 폭탄을 던지는 것과 같다.

▶초연결 시대 최고의 리스크 관리 기법은 실제로 윤리적이고 사회 통념에 부합하는 활동을 하는 것이다. 위장과 가식은 시한폭탄이다.

CHAPTER 2

진심의 출력

위대한 전략은 내면에서 온다

많은 경영대학원에서 전략을 가르친다. 다양한 내용을 가르치지만 그 핵심에는 합리적 분석이 자리잡고 있다. 외부 환경의 기회oppotunities와 위협threats 요인, 기업 내부 역량의 강점strengths과 약점weaknesses을 분석해 최적의 대안을 수립하는 SWOT 분석으로 대표되는 소위 전략기획strategic planning방법론은 기업 현장에서 가장 자주 활용되고 있다.[21] 외부와 내부, 긍정적인 요인과 부정적인 요인으로 세상을 구분하는 SWOT 방법론은 완벽하게 'MECE(Mutually Exclusive, Comprehensively Exhaustive 항목들이 중첩되지 않으면서도 모두 합하면 전체가 되는, 즉 겹치지 않으면서 완벽하게 모든 걸 포괄하는 특징을 가진)'한 접근법으로 탁월한 논리적 완결성을 갖고 있다.

매우 흥미로운 점이 있다. 현실 세계에서 이 방법론으로 탁월한 전략을 수립한 사례는 정작 찾아보기 힘들다는 것이다. 중요한 전략 보고서에 거의 빠짐없이 SWOT 같은 현란한 방법론이 활용되

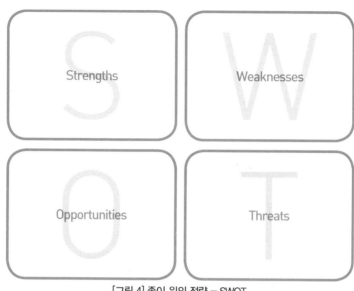

[그림 4] 종이 위의 전략 – SWOT

고 있지만, 정작 비즈니스계를 뒤바꾼 혁신 사례들을 놓고 보면 복잡한 파워포인트 슬라이드도, 화려한 기법도 동원되지 않는 사례가 훨씬 더 많다.

현대 기업사에 가장 큰 획을 그은 몇몇 글로벌 기업의 창업 스토리를 보면 이를 명확히 알 수 있다. 예를 들어 SNS 시장을 재패한 페이스북의 사례를 보자. 페이스북의 전략이 만들어진 과정은 냉철한 시장 분석과 극단적으로 거리가 멀다. 하버드대에 재학 중이던 마크 저커버그는 여학생 외모 순위를 매기는 장난기 가득한 프로그램을 개발하다가 우연히 윙클보스 형제로부터 인맥 관리 사이트를 만들어달라는 부탁을 받고 페이스북의 초기 모델을 만들었다. 하버드대에서 폭발적 인기를 모으자 다른 대학으로 서비스를 확대하면서 페이스북은 급성장했다. 나중에 페이스북이 엄청난 규모로 성장하자 윙클보스 형제는 저커버그가 아이디어를 도용했다며 소송을 내 거액을 받아내기도 했다.

공유경제의 거대한 흐름을 만들어낸 에어비앤비 사례도 마찬가지다. 에어비앤비 창업자들은 미국 샌프란시스코의 비싼 임대료 때문에 고민이 많았던 평범한 프로그램 개발자들이었다. 마침 샌프란시스코에서 대규모 컨벤션이 열리자 호텔 방을 구하지 못한 사람들을 집에 재워주고 몇 푼이라도 벌어서 임대료를 충당해보려 했다. 실제 자신의 집을 개방해서 손님을 맞이했는데 숙박한 사람들은 호텔에서와 달리 집 주인과 대화를 나누고 비슷한 관심사도 공유할 수 있어 높은 만족도를 보였다. 이 경험이 결국 창업으로 이어졌다.

이처럼 비즈니스 역사를 바꾼 위대한 혁신 기업들의 사례를 분석해보면 정교하고 복잡한 시장 분석이 개입된 경우를 찾아보기 힘들다. 그렇다면 좋은 전략은 어떤 경로에서 나오게 될까. 필자가 관찰한 대표적인 경로는 두 가지다.

첫 번째는 자신이나 지인이 겪은 사소한 불편이나 불만이다. 예를 들어, 렌트더런웨이는 값비싼 파티용 드레스를 싼 값에 대여해주는 플랫폼을 만들어 크게 성공했다. 이 스타트업의 창업자는 친언니가 값비싼 결혼식 드레스를 사기 부담스러워 고민하는 모습을 보다, 평생 몇 번 입지 않는 드레스를 비싼 값에 구매하는 것보다 빌려서 입는 걸 좋아하는 사람이 분명히 있을 것이란 생각에서 창업에 도전했다.

한국에서도 안정적으로 기반을 닦은 대부분의 스타트업들은 고객들의 명백한 불편함을 찾아내고 해결책을 제시해줬다. 페이팔에서 대규모 투자를 유치한 스타트업 토스TOSS는 송금할 때 PC나 ATM 기기를 찾아 복잡하게 많은 정보를 입력해야 하는 불편함을 해소해주는 간편 송금 서비스로 시장을 공략했다. 인기 팝가수 콜드 플레이의 팬이었던 한 창업가는 콜드 플레이의 서울 공연이 번번이 무산되자 실망하지 않고 오히려 이런 좌절을 사업 기회로 연결시켰다. 즉, 팬들이 먼저 온라인으로 공연을 요청해서 티켓을 판매해 공연 기획자에게 확실히 수익이 생긴다는 믿음을 줘서 실제 공연을 성사시키는 플랫폼 '마이뮤직테이스트'를 만들었다.[22] 과거 배달음식을 시켜 먹기 위해서는 지역 정보지를 찾아보거나, 냉장고에 자석이 달린 배달음식점 홍보물을 잔뜩 붙여놓아야 했다. 배달의 민족은 모바일 플랫폼을 구축해 이런 불편함을 해소했다. 이처럼 스타트업은 확실한 불편함을 찾아내고 효과적인 대안을 제시해줘야 생존을 보장받을 수 있다.

두 번째 경로는 내면에서 나오는 사명감이나 원대한 꿈같은 것이다. 마이크로소프트 창업자 빌 게이츠는 모든 가정의 책상 위에 데스크톱을 두는 게 인류의 발전에 도움을 준다는 사명감을 갖고 사업을 시작했다. 지금은 그의 꿈이 이미 실현되면서 마이크로

소프트가 또 다른 변신을 하고 있지만, 당시만 해도 이 꿈은 허황되기 그지없었다. 최고의 컨설턴트가 현란한 기법으로 엄청난 시장 분석을 해도 절대로 도출할 수 없는 아이디어다. 화성에 식민지를 건설하겠다는 일론 머스크 테슬라 창업자도 유사한 사례다. 현존하는 시장 분석 툴로는 절대 도출할 수 없는 아이디어다. 인공지능이 인간보다 모든 영역에서 뛰어난 역량을 발휘하는 특이점(singularity·양적 변화가 축적되다가 질적으로 전혀 다른 변화를 가져오는 시점)이 30년 내에 올 것이라 단언하며 공격적으로 신기술에 투자하고 있는 손정의 소프트뱅크 회장도 유사한 사례다. 시장의 분석을 토대로 전략을 도출한 게 아니라 세상을 바라보는 나만의 관점과 철학, 소신이 그대로 전략으로 반영된 경우다.

두 가지 접근 모두 내가 무엇을 해야 할 것인지에 대한 답을 분석에서 찾고 있지 않다는 공통점을 갖고 있다. 그리고 이런 접근은 실패하기도 하지만 때로는 앞서 살펴본 사례처럼 엄청난 성공을 일궈내기도 했다. 오히려 분석만으로 성공했다는 사례를 찾아보기가 훨씬 더 힘들다.

분석은 많은 한계가 있다. 인간의 제한된 합리성bounded rationality과 각종 인지적 편향heuristics, 그리고 정보 수집의 한계 등으로 인해 완벽한 분석은 애초부터 불가능하다. 이미 1997년 SWOT 같은 분석에 기반한 방법론이 현실에서 많은 문제를 야기하며 실제 효과도 미미하다는 연구 결과가 제기된 바 있다.[23] 또 거의 완벽에 가까운 분석을 했다 하더라도 여전히 문제가 남는다.

만약 분석을 통해 좋은 전략을 만들어낼 수 있다면, 해당 분야의 모든 기업이 거의 유사한 전략을 수립할 것이기 때문이다. 제대로 분석이 이뤄진다면 사람에 따라 결과가 달라지지 않을 것이다. 실제로 많은 한국 기업들이 한때 대체에너지 등 거의 비슷한 신사업에 대대적으로 투자한 적이 있다. 분석을 기반으로 신사업전략을 수립하다보면 대부분 기업들이 이렇게 비슷한 행동을 하게 된다. 이런 상황에서 출혈 경쟁은 불가피하다. 분석에 기초한 전략을 기계적으로 수립하는 기업들이 양산되면 업계 전체가 공멸할 가능성만 높아진다.

분석과 다른 두 가지 접근, 즉 불편이나 불만을 해소하는 과정에서 나온 전략이나, 경영자의 내면에서 나온 전략은 내가 무엇을 할 것인지를 스스로 결정하는 주체적 방법이라는 점에서 큰 의미가 있다. 분석에 전략을 의탁하는 것은, 분석을 잘 하는 컨설턴트나 경영 전문가에게 전략을 맡기는 것과 다름없다. 설령 내가 분석을 한다 하더라도 분석 툴과 방법론에 중요한 의사결정을 맡기는 셈이다. 한마디로 나만의 고유한 개성과 영혼을 반영할 수 없는 전략 수립 방법론이다. 반면, 불편이나 불만을 토대로 수립된 전략은 창업가나 창업기업의 고유한 문제 인식과 극복 의지를 담아낼 수 있다. 내면의 철학이나 사명감 등에서 나온 전략은 두 말할 나위 없이 창업가의 영혼을 담고 있다. 공급량이 절대적으로 부족했던 과거에는 영혼이 없이 만들어진 전략이 통할 때도 많았다. 하지만 지금은 거의 대부분의 시장에서 공급 초과 상태가 이어지고 있다. 수

많은 업체들이 치열한 경쟁을 벌이고 있는 상황에서 영혼이 없는 전략은 기껏해야 시장 평균 정도의 성과만 낼 것이다.

극도로 포화상태인 데다 수없이 많은 아이돌이 쏟아져 나오는 치열한 레드오션 시장인 연예산업에서 창업자와 아티스트의 영혼은 매우 중요한 요소다. BTS의 사례가 이를 잘 보여준다. 방시혁 대표와 방탄소년단은 두 번째 방법, 즉 내면에서 하고 싶은 것을 기반으로 전략을 수립했다. 멤버 스스로 결정한 학교 컨셉의 앨범을 발표했고, 청춘의 방황과 고뇌 희망을 메시지로 담은 것도 시장의 트렌드 분석이 아닌, 내면의 목소리에 귀를 기울였기 때문에 가능했다. 이는 이전까지 K팝이 경험해보지 못한 강력한 글로벌 팬덤의 원천이 됐다. 좋은 전략은 내부에서 시작되는 것이다.

좋은 전략의 모티브	BTS 전략의 모티브
1. 불편 불만의 해소 2. 내면의 사명감/원대한 꿈	내면에서 하고 싶은 것으로 영혼을 전하기 : 학교, 힙합

[그림 5] 좋은 전략의 모티브

변하는 것과 변하지 않는 것

전략의 수립과 실행을 도와주는 수많은 툴과 방법론이 있다. 하지만 필자는 복잡한 현실을 딱 두 가지로 구분해보는 게 훨씬 실무에 도움을 준다고 생각한다. 실제 동양철학은 복잡한 현실을 음陰과 양陽이란 두 가지 요소로 구분해 명쾌하게 설명해낸다. 또 경영자들에게 새로운 시야를 열어준 훌륭한 접근법도 수많은 현상들을 단 두 개의 개념으로 구분해서 시사점을 도출한 사례가 많다. 매니지먼트 분야에서 가장 큰 영향력을 끼친 개념인 탐색exploration과 활용exploitation24), 리더십 분야의 거래적transactional 리더십과 변혁적transformational 리더십25), 전략 분야의 레드오션(치열한 경쟁 시장)과 블루오션(무경쟁 신시장)16) 등이 대표적이다.

기업 전략의 수립 및 실행과 관련해 큰 도움을 주는 두 가지 개념은 바로 변하지 않아야 하는 요소와 변해야 하는 요소다. 원래 조직은 특정 목적(변하지 말아야 할 요소)을 달성하기 위해 만들어졌다. 목적 달성을 위한 수단(변해야 할 요소)으로 부서와 개인별 역할을 설계하고 의사결정 구조를 만들었으며 각종 절차와 프로세스, 매뉴얼 등을 만들었다. 그런데 시간이 지나면서 환경이 바뀌어 조직의 구조나 절차 등이 목적에 부합하지 않더라도 계속 유지되는 사례가 많다.

때로는 이런 '관성inertia'이 엄청난 비극을 초래하기도 한다. 2017년 말 발생한 이대 목동병원의 신생아 사망 사건도 목적과 수단의 괴리와 관련이 있다. 이 병원이 문을 열었을 당시에 신생아 한 명당 1주일에 두 병의 영양제만 보험 처리를 해줬다. 하지만 신생아들은 매일 영양제를 필요로 했다. 따라서 다른 아이가 처방받은 영양제를 공유하는 관행이 생겼다. 상식적으로 생각해도 보험 제도에 분명히 문제가 있었기 때문에 나중에 제도가 바뀌었다. 그리고 실제로 신생아 한 명당 매일 한 병씩의 영양제 처방이 이뤄졌다. 문제는 영양제를 나눠 공급하는 관행은 제도가 바뀐 이후에도 그대로 유지됐다는 점이다. 신생아의 건강은 절대로 바뀌어서는 안 될 가장 소중한 가치다. 과거 한때 보험제도의 필요성 때문에 만들어진 관행은 보험제도 개편과 실제 1일 1영양제 처방으로 더이상 존재해야 할 이유를 완벽하게 상실했다. 하지만 관행은 계속 이어졌다. 무엇보다 영양제를 나눠서 주는 건 감염 위험이 매우 높은 관행이었지만 누구도 문제제기를 하지 않았다. 결국 엄청난 비극이 생기고 말았다.

경영이 정말 어려운 과업인 이유도 이런 것과 관련이 있다. 규정과 프로세스를 엄밀하게 갖춰 놓으면 조직원들에게 훨씬 더 효율적으로 일을 시킬 수 있을 것 같다. 그래서 많은 조직이 이런 제도에 의존하며 조직을 관리한다. 조직 규모가 커질수록, 경쟁 압력이 높아질수록 각종 제도와 규정이 정말 촘촘히 설계된다. 하지만 심각한 부작용이 있다는 점을 잊어서는 안 된다. 규정과 프로세스만 지키면 된다고 생각하는 사람들이 많아질 수 있다. 설령 환경이 바뀌어서 규정과 프로세스가 원래 목적에 부합하지 않는 상황에서도 말이다. 그래서 지나치게 매뉴얼을 맹신하는 분위기가 강한 한 병원 조직에서 어떤 간호사는 이미 깊은 잠에 빠진 환자를 굳이 깨워서 수면제를 투여했다고 한다.[27]

규정과 룰을 강조하는 관행은 현재의 경영환경에서 특히 큰 문제를 야기한다. 변동성volatile, 불확실성uncertain, 복잡성complexity, 모호성ambiguity이 극도로 높아지는 소위 'VUCA 환경'에서 관행과 프로세스를 지키고 실행만 하다가 조직은 큰 위기에 처할 수 있다. 기존 관행을 고수하는 행동 양식이 급격한 환경 변화에 대한 대응력을 크게 약화시킬 수 있기 때문이다.

가장 좋은 대안이 바로 변하지 않는 원칙과 변할 수 있는 영역을 명확히 하는 것이다. 변하지 않는 원칙은 앞서 얘기한 자율성의 범위와 한계를 정하는 역할을 한다. 변할 수 있는 영역은 자율성을 발휘할 수 있는 영역을 의미한다. 아주 단순하게 표현하면, "우리가 지켜야 할 원칙은 이것이니, 이 원칙을 지키는 범위 안에서 마음껏 시도를 하라"는 명확한 규율이 자리를 잡은 조직이 환경변화에 유연하게 대처할 수 있다는 얘기다.

이런 접근은 미국 하버드대 경영대학원 란제이 굴라티 교수가 제안한 '프레임워크 내의 자율freedom within a framework'[28]이란 개념과 일맥상통한다. 조직이 추구하는 목적과 원칙, 기본적인 전략방향이 무엇인지 명확하게 밝히고 그 범위 안에서 자율성을 가진 조직원들이 목표를 달성하게 유도해야 높은 성과를 낼 수 있다.

방시혁 대표는 이런 점에서 변하지 않을 요소와 관련해 매우 확실한 원칙을 표명했다. KBS《명견만리》프로그램에서 보여준 방 대표의 언급이 변하지 않는 원칙이 무엇인지를 잘 보여준다.

"저는 방탄소년단이라는 아이들이 반짝반짝 빛나는 멋진 스타에서 한걸음 더 나아가길 바랐습니다. 팬들과 인간 대 인간으로 긴밀하게 소통하면서 선한 영향력을 주고받을 수 있는 수직적이 아닌 수평적인 리더십을 가진 아티스트가 되길 원했습니다. 그래서 방탄소년단 멤버들과 첫 번째 앨범을 만들기 시작할 때부터 그들에게 딱 한 가지만을 요구했습니다.

방탄소년단의 음악은 방탄소년단 내면에 있는 이야기가 되어야 한다는 것이었죠.[29]"

방탄소년단이라는 독특한 이름도 이런 확고한 전략 방향에 기초한 것이다. 방탄소년단防彈少年團은 '총알을 막아내는 소년들의 모임'이란 뜻이다. 여기서 총알을 막는다는 것은 아이돌 음악의 주 소비층인 10대, 20대 청춘, 사회적 약자나 인권의 사각지대에 놓인 소수자들에 대한 사회적인 억압이나 편견을 막아내겠다는 뜻을 담고 있다. 어떤 유혹에도 굴하지 않고 이런 가치를 지켜내겠다는 의미도 담고 있다. 방탄소년단은 실제로 웃겨야 살아남는 예능 프로그램에 출연해서도 이렇게 심각하고 진지한 방탄소년단에 얽힌 내용을 정확히 이야기한 적도 있다. 물론 이름이 어색하고 촌스럽다는 느낌을 가진 멤버들도 있었지만, 그 의미에 대해서만큼은 공감했다. 아마도, 힙hip한 느낌을 줄 수 있는 수많은 대안 대신에 방탄소년단이라는 투박한, 따라서 대중들에게 그다지 좋은 인상을 주기 힘들 것으로 예상되는 이름을 선정한 것은 BTS의 지향점, 철학이 무엇보다 중요하다는 생각을 반영한 것으로 볼 수 있다.

방시혁 대표와 빅히트가 추구했던 변하지 않는 핵심 원칙은 다음과 같이 세 가지로 요약할 수 있다. 첫째, BTS 음악은 구성원들 내면에 있는 진심을 담은 이야기여야 한다. 둘째, 이를 통해 청춘들이나 약자에 대한 사회적 억압을 막는 선한 영향력을 행사해야 한다. 셋째, 이 과정에서 팬들과 인간 대 인간으로 수평적인 소통을 해야 한다. 이런 기본 원칙과 가치를 지키는 선에서 자율성을 발휘할 수 있다.

[그림 6] BTS 불변의 핵심원칙

이 책의 구성상 우선 이번 챕터에서 진심을 담은 내면의 이야기와 선한 영향력을 먼저 살펴본다. 그리고 수평적 소통에 대해서는 마지막 챕터5에서 집중 분석한다. 수평적 소통이라는 불변의 원칙을 마지막에 다룬 것은, 중요하지 않아서가 아니라, 정말 모방하기 힘든 방탄소년단의 가장 중요한 성공 요소라고 생각하기 때문이다.

진짜 마음을 음악에 담다

방시혁 대표는 BTS 멤버들에게 진심을 담은 내면의 이야기를 음악으로 쏟아내라고 일관되게 강조했다. 하지만 처음부터 곧바로 실현되지는 않았다. 방 대표가 내면의 진심이 담긴 이야기를 토대로 가사와 음악을 만들어오라고 요구했지만 BTS 멤버들은 주로 자신을 과시하는 가식적인 내용을 담은 가사를 써왔고 어쩔 수 없이 그는 이를 "다 '빠꾸' 시켰다."고 한다.[30]

어린 청춘들이 써온 가사나 음악은 전문가 입장에서 볼 때 유치하다고 느낄 수 있다. 아마 BTS 멤버들도 유치하지 않게 보이기 위해 가식적이고 과시적인 가사와 음악을 만들었을 것이다. 하지만 방 대표는 설령 유치해 보이더라도 진짜 가슴 속에 담고 있는 이야기를 써야 한다고 강조했다. 가식이나 허위 속에서 내면의 취약점이나 약한 고리를 감추고 겉멋에 치중하는 것으로 또래의 감정을 움직일 수 없다고 판단한 것이다.

진심을 담은 내면의 이야기는 다음과 같이 크게 두 가지 특징을 가진 콘텐츠로 구분할 수 있다.

① 진짜 나의 감정을 담은 이야기

첫째는 있는 그대로의 마음을 그대로 보여주는 것이다. 굳이 미화하거나 치장하지 않고 현실에서 나타나는 감정과 느낌을 있는 그대로 표현하는 것이다. BTS의 첫 앨범에 실린 〈No More

Dream〉의 가사를 보면 어떤 가식 없이 있는 그대로의 감정을 고스란히 표현했다는 점을 쉽게 알 수 있다.

No More Dream

I wanna big house, big carsnbig rings

But 사실은 I dun have any big dreams(학교를 다니며 느낀 그대로의 현실)

지겨운 same day 반복되는 매일에 어른들과 부모님은

틀에 박힌 꿈을 주입해(그 속에서 느끼는 불만)

알았어 엄마 지금 독서실 간다니까(순응)

너의 길을 가라고 단 하루를 살아도(충고)

공부는 하기 싫다면서 학교 때려 치기는 겁나지?(불안)

시간 낭비인 야자에 돌직구를 날려(반항)

이젠 꿈꾸는 법도 몰라(절망)

왜 자꾸 딴 길을 가래 야 너나 잘해

제발 강요하진 말아 줘(의지)

〈2013 2 COOL 4 SKOOL 앨범 중〉

이렇게 방탄소년단의 가사에는 청춘들의 생각들이 거칠고 생생한 언어로 담겨있다. 좀 심하다 싶을 정도로 사투리를 거침없이 쏟아내기도 한다. 예를 들어 〈Skool Luv Affair〉 앨범에 실린 가사는

아이돌 음악에서 찾아보기 힘든 사투리가 가득하다.

어디에서 왔는지

가시나야 니는 어데서 왔노

까리뽕쌈하네 지금 어데로 가노

니는 몇 살이고 니가 내보다 누나야가

아 아이라꼬 그캄 내가 마 오빠야네

(작살나네) 얼굴이 조막디 해 까리하네

사라다같이 쌔그랍게 생기가꼬 쪼매 반반하네

밥 뭇나 까대기 치는 거 아이다

커피나 한사바리 땡길까 커피는 개안나

〈2015 Skool Luv Affair 앨범 중〉

이 책을 읽는 경영자들 가운데 이런 가사를 보고 당혹스러운 느낌을 갖는 분들도 있을 것 같다. 일관된 논리를 찾기 어렵고, 문제가 뭐고 해결책이 무엇인지도 헷갈리는 데다, 대중들에게 큰 영향을 끼치는 대중음악 가사에 반항적 요소가 들어가 있기 때문이다. 게다가 노골적인 사투리를 대중들과 공식적으로 만나게 되는 앨범에 포함시킨 것을 불편하게 생각하는 분들도 적지 않을 것 같다.

이런 불편함에는 그럴 만한 충분한 이유가 있다. 전통적으로 대중 앞에 자신을 노출할 때 가급적 많은 것을 감추고, 좋은 옷을 입고, 좋은 말을 해서, 좋은 인상을 심어주는 게 너무나 당연한 전략이다. 그래서 보통 사람들은 내적 자아와 외적 자아를 다르게 가져가며 생활하고 있다. 내적 자아는 자신의 본마음이고, 이와 다른 외적 자아는 사회적으로 바람직하거나, 다른 사람들이 원하는 모습을 보여주는 것이다. 자신의 내면이 항상 사회적으로 바람직한 것일 수 없기 때문에 내적 자아와 외적 자아 사이에 불일치를 감수하면서 살아가는 사람이 대부분이다. 불편하더라도 원만한 사회생활을 위해 이런 차이를 감수해야 얻는 게 훨씬 많다. 집단주의 성향이 매우 강한 일본인들은 아예 공식적으로 혼네(속마음)와 다테마에(좋은 관계를 유지하기 위해 상대가 듣기 좋은 말로 표현하는 것)를 확실히 구분한다. 영리활동을 펴나가야 하는 기업은 두말할 나위 없이 내적 자아와 외적 자아를 분리하는 게 더 좋을 것 같다.

하지만 최근 들어 '진정성authenticity'이 경영의 새로운 화두로 등장했다.[31] 진정성을 단순한 용어로 설명하면 내적 자아와 외적 자아를 일치시키는 것이다. 더 일상적인 용어로 표현하면 내면의 실제 생각과 외부로 드러나는 말과 행동을 일치시키는 것이다. 왜 비즈니스에서 진정성이 중요할까. 달라진 시대 변화와 관련이 있다. 과거 공급부족 시대에는 공급자가 더 큰 힘을 갖고 있었다. 하지만 지금은 소비자의 힘이 강해졌다. 경쟁이 치열해지면서 소비자의 선택지가 더 넓어졌기 때문이다. 또 소비자는 막강한 정보망을 통해 실시간으로 다양한 정보를 검색, 획득할 수 있으며 자신의 경험을 타인과 공유하고 있다. 이런 상황에서 내적 자아와 외적 자아가 일치하지 않아 신뢰를 잃은 기업에 대해서는 개인 소비자 누구라도 문제를 제기할 수 있다. 그리고 SNS를 통해 이런 사실은 단기간에 대규모로 대중에게 유포된다.

미국의 가전제품 유통업체인 서킷시티와 베스트바이의 사례를 보면 진정성의 위력을 알 수 있다. 두 회사 모두 고객들이 편안하고 즐겁게 쇼핑할 수 있는 경험을 제공하겠다고 공표해왔다. 판매하는 제품도 유사했다. 그러나 서킷시티는 비용 절감을 위해 비숙련 사원을 활용했다. 따라서 제품에 대한 체계적인 설명이나 고객이 원하는 서비스를 제대로 하지 못하는 사례가 많았다. 반면 베스트바이는 전자제품 덕후에 해당하는 '긱geek'을 아예 정규직원으로 채용해 서비스를 진행했다. 당연히 고객 경험에서 차이가 날 수밖에 없었고 이런 사실은 다양한 미디어를 통해 고객들에게 전파됐다. 여기에 온라인 기반 쇼핑몰 중심으로 시장이 대체되면서 서킷시티는 파산하고 말았다.[32] 만약 서킷시티가 진정성 있는 마케팅을 했다면 '우리는 원가를 중시하는 회사입니다. 대신 가장 싼 가격에 제품을 팔겠습니다.'와 같은 전혀 다른 접근을 해야 했다.

있는 그대로의 마음을 말과 행동으로 표현하는 진정성은 신뢰를 형성한다. 속마음과 겉으로 드러난 말과 행동이 일치한다는 믿음을 갖게 되면 '거래비용(transaction cost 거래에 수반되는 비용으로 거래 상대방의 탐색이나 거래 이행 등과 관련한 신뢰 확보를 위해 소요되는 다양한 비용)'이 줄어들게 된다. 같은 조건이면 신뢰하는 파트너와 거래를 지속하는 게 인지상정이기 때문에 신뢰가 창출하는 비즈니스 가치는 엄청나다. 방탄소년단은 자신들이 중시하는 내면의 생각을 음악으로 표현했다. 거칠고 투박하더라도 진짜 속마음을 드러내면 상대의 신뢰라는 큰 자산을 얻게 된다.

② 감추고 싶은 약점까지 표출

자신의 내면에 숨겨진 약점을 공개하고 싶은 사람은 많지 않을 것이다. 누구에게든 약점, 숨기고 싶은 스토리가 있기 마련이다. 더군다나 대중 앞에서 가장 아름답고 멋지고 훌륭한 모습을 보여야 하는 연예인들에게 취약점은 더욱 깊이 감춰야 할 요소임에 틀림없다. 소위 스웩swag을 강조하는 요즘 문화에서는 더욱 드러내기 어려운 요소다.

하지만 BTS 멤버들은 이와 정 반대의 길을 갔다. 데뷔 당시 TV 프로그램을 통해 7명의 멤버가 작은 방에서 2층 침대 3개와 1층 침대 한 개에 의지해 지내는 모습을 거리낌 없이 보여줬다. '생얼'로 라면을 나눠 먹는 장면도 생방송으로 그대로 노출하기도 했다. 데뷔 초 미국에서 앨범을 준비할 때에도 리얼리티 예능 형식으로 좌충우돌하는 모습을 그대로 공개하기도 했다. 방탄소년단은 앨범이 나오고 조금 상황이 나아져 화장실이 두 개인 집으로 이사 갈 때의 느낌과 이사와 관련한 과거 경험을 〈이사〉라는 노래에 담아냈다. 그런데 그 가사 내용이 거리낌 없다. 무대 위에서 화려한 꽃미남으로 역동적인 춤을 추며 팬들을 유혹하고 있지만 월세, 보증금, 손 없는 날 같은 화려한 세계와 전혀 어울리지 않는 단어를 거침없이 쓰고 있다.

이사

내 삶은 월세 나도 매달려 알어?

내 자존심은 보증금 다 건 채 하루를 살어 uh?

그래서 다시 이사 가려고 해

아이돌에서 한 단계 위로 꿈이 잡히려 해

이번 이사의 손 없는 날은 언제일까

빠른 시일이면 좋겠다

이사 가자

정들었던 이곳과는 안녕

이사 가자

이제는 더 높은 곳으로

〈2015 화양연화 pt.1 앨범 中〉

사실 이 정도는 약과다. 방탄소년단 멤버 제이홉은 부모님의 반대에도 춤을 포기하지 못했는데 집안 사정 때문에 결국 먼 타지에서 어머니가 부업을 해서 돈을 대줘야 했던 감추고 싶을 만한 스토리를 〈MAMA〉란 노래로 풀어냈다.

MAMA

Time travel 2006년의 해

춤에 미쳐 엄마 허리띠를 졸라맸지

아빠 반대에도 매일 달려들 때

아랑곳하지 않고 띄워주신 꿈의 조각배

But 몰랐지 엄마의 큰 보탬이

펼쳐 있는 지름길 아닌

빚을 쥔 이 꿈의 길

(Always) 문제의 money 어머닌 결국

(Go away) 타지로 일하러 가셨어

전화로

듣는 엄마의 목소리는 선명하고

기억나는 건

그때 엄마의 강인함이 내겐 변화구

정말로

꼭 성공해야겠다고 결심하고

그 다짐 하나로

지금의 아들로

〈2016 WINGS 앨범 中〉

이보다 훨씬 더 감추고 싶을 이유가 차고 넘치는 이야기를 그대로 표현한 노래도 있다. BTS 멤버 슈가는 우울증, 대인기피증 등 심각한 정신적 문제로 고통을 겪다 정신과에 갔던 경험을 있는 〈The Last〉란 노래를 통해 그대로 토해냈다. 극단적 선택까지도 고려했음을 암시하는 대목도 있다.

The Last

나약한 자신이 서 있어 조금 위험해
우울증 강박 때때로 다시금 도져
hell no 어쩌면 그게 내 본 모습일지도 몰라

damn huh 현실의 괴리감
이상과의 갈등 아프네 머리가
대인기피증이 생겨 버린 게 18살쯤
그래 그때쯤 내 정신은 점점 오염 돼

정신과를 처음 간 날 부모님이 올라와
같이 상담을 받았지 부모님 왈 날 잘 몰라
나 자신도 날 잘 몰라 그렇다면 누가 알까
친구? 아님 너? 그 누구도 날 잘 몰라

의사 선생님이 내게 물었어

주저 없이 나는 말했어 그런 적 있다고

〈2016 Agust D(슈가 솔로활동명)의 Agust D 앨범 中〉

이렇게 취약성을 그대로 노출하는 것은 아무리 생각해도 바람직하지 않은 전략으로 보인다. 연예인은 대중에게 꿈과 선망의 대상이다. 현실에서 충족하지 못한 꿈을 대신 실현시켜주는 존재가 바로 연예인이다. 즉, TV 화면을 통해 비춰지는 환상과 멋진 모습을 대중들은 소비한다. 그래서 부정적이고 취약한 모습은 최대한 감춰야 하고, 아름답고 멋진 모습을 연출하는 게 엔터테인먼트 업계에서는 너무나 당연한 전략으로 보인다.

하지만 취약성을 드러내는 것은 의외로 많은 가치를 갖고 있다. 아픈 과거를 이야기하는 과정에서 타인과 공감대, 혹은 감정적 유대감을 형성할 수 있기 때문이다. 자신의 취약점과 유사한 경험을 한 사람들은 곧바로 공감대를 형성할 수 있다. 유사한 경험을 하지 않았더라도 상대가 가장 취약한 부분의 이야기를 들려주면 마음의 문이 열린다. 누구나 취약점을 갖고 있지만 사회생활에서는 이를 감추고 살아간다. 대체로 좋은 말만 주고받는 사이라면 깊은 감정적 유대관계를 형성했다고 볼 수 없다. 그런데 상대가 먼저 마음속 깊은 곳에 숨겨져 있던 이야기를 터놓고 말하면 나 역시 상대에게 유사한 이야기를 터놓고 말할 수 있을 것 같다는 생각이 든다.

몇 번 만나지 않아 서먹한 사이라도 이렇게 감추고 싶었던 이야기를 꺼내놓을 수 있는 사람이라면, 형식적으로 몇 년을 만난 사람보다 훨씬 친밀한 감정적 유대감을 형성할 수 있다.

경영 현장에서 이런 사례가 자주 목격된다. 리더십을 발휘할 때 많은 사람들은 강력한 카리스마를 발휘하며 주도권을 행사하는 사람이 리더 역할을 더 잘 할 수 있을 것이라고 생각한다. 그러나 이런 리더들은 소통 부재 등으로 많은 문제를 일으키곤 한다. 다행히 카리스마적 리더가 전략 방향을 잘 설정하면 문제가 없지만, 잘못된 방향으로 나아갈 때에는 주위에서 누구도 문제를 지적하거나 반론을 펴지 않기 때문에 조직이 순식간에 몰락할 위험도 있다. 반면, 자신의 취약점을 공개하는 리더는 조직원들의 진심 어린 참여를 유도할 수 있다. 하버드비즈니스리뷰HBR에 소개된 사례가 이를 잘 보여준다. 독단적인 의사결정으로 부하 직원들에게 신뢰를 잃었던 한 리더는 다면평가를 통해 자신의 리더십 스타일에 문제가 있다는 점을 알게 됐다. 이후 자신의 스타일을 점검하며 문제점을 파악했다. 이 리더는 조용히 자신의 스타일을 고치는 방법도 있었지만, 공개 석상에서 부하 직원들에게 자신의 잘못을 인정하는 결단을 내렸다. 그리고 "나 혼자만의 힘으로는 목표를 달성할 수 없다. 여러분들의 도움이 필요하다"고 솔직하게 말했고 이후 진심으로 조직원들이 리더를 도와줘 조직의 성과는 극적으로 향상됐다고 한다.[33]

한 국내 기업인의 사례도 흥미롭다. 이 기업인은 경쟁 입찰에서 매우 곤혹스러운 질문을 받았다고 한다. 입찰을 심사하던 사람이 "이런 프로젝트를 해 본 경험이 있느냐"는 질문을 던진 것이다. 실제 이 기업인은 이런 프로젝트를 해 본 경험이 없었다. 여기서 두 가지 대안이 있다. 하나는 유사한 프로젝트를 열거하면서 충분히 할 수 있다고 자신감을 드러내는 것이다. 일반적으로 경쟁 입찰에서는 우월한 역량을 보여줘야 하기 때문에 많은 비즈니스맨들이 이런 대안을 선택하고 있다. 하지만 이 기업인은 취약성을 그대로 드러내기로 했다. 그리고 이렇게 말했다. "유사성이 어느 정도 있는 프로젝트를 진행해본 경험은 있지만 해당 프로젝트와 같은 유형을 진행해본 적은 없다. 하지만 이 프로젝트는 우리 회사 발전에 정말 중요하다. 그래서 총력을 기울여서 꼭 성공시키고 싶다. 이를 위해 회사 역량을 총동원하겠다." 결과는 어떻게 됐을까. 일단 "해봤다"고 대답하고 나서 유사한 프로젝트와의 공통점을 강조한 업체를 제치고 입찰에 성공했다.

사실 취약점을 공개하는 것은 내면의 자존감이 강하다는 반증으로도 볼 수 있다. 취약점, 혹은 숨기고 싶은 아픈 과거를 과감하게 공개하고 현실에 맞설 수 있는 용기가 있는 사람들이 취약점을 감추고 강한 모습만 보여주려는 사람보다 훨씬 내면이 강한 사람들이다. 그리고 사람들은 완벽하고 강한 모습만 보여주는 사람보다 깊은 아픔, 약점, 어두운 과거를 간직하고 있더라도 이를 솔직하게 털어놓고 더 발전하려고 노력하는 사람에게 박수를 보낸다. 실제 연구 결과, 사회적 약자이면서 많은 약점을 갖고 있는 '언더독

underdog'스토리와 풍부한 자원을 갖고 성공한 '톱독topdog' 스토리를 가진 회사를 일반인들에게 노출시켰을 때 많은 사람들이 언더독 회사에 대해 더 강한 친근감을 느꼈고 해당 기업 제품에 대한 구매 의향까지 높아지는 것으로 나타났다.[34] 사실 이런 연구 결과는 우리가 갖고 있는 강점을 최대한 부각시켜야 성공할 수 있다고 믿어왔던 마케팅의 통념에 대해 정면으로 도전하는 내용을 담고 있다. 사람들은 잘나고 똑똑하고 부족할 게 없는 사람이나 브랜드보다, 어려운 여건에서 단점과 불리함을 갖고 있었지만 열정을 갖고 이를 극복하려고 노력하는 사람에게 더 큰 호감을 갖게 된다.

방탄소년단 음악이 또래 청춘에게 깊은 영향력을 끼친 것은 바로 이렇게 있는 그대로 자신의 모습을 보여준 것과 관련이 있다. 포장과 가식, 잘못을 뒤덮기에 급급한 많은 조직들에게 방탄소년단의 청년 멤버들이 보여준 좋은 교훈이다.

선한 영향력

음악을 소비하는 고객들에게 선한 영향력을 행사한다는 것은 BTS의 가장 중요한 사명 중 하나다. BTS의 음악은 이런 점에서 다른 아이돌 그룹과 상당히 차별화된다. 대부분 아이돌들은 사랑이나 이별 등을 소재로 다룬다. 대중들에게 가장 어필할 수 있는 주제이기 때문이다. 실제 한국 대중음악의 역사에서 가장 자주 등장하는 주제가 사랑이다. 하지만 방탄소년단은 이런 점에서 크게 차별화된다.

철학자 이지영 교수의 저서《BTS 예술혁명》[35]에 따르면 아이돌 그룹 빅뱅과 걸그룹 트와이스의 노래 가사를 분석해보면 최다 반복어가 '베이비'로 나온다. 하지만 방탄소년단 노래의 최다 반복어는 '나'였다. 또 빅뱅의 경우 사랑, 재미, 행복 등의 단어가 자주 등장하고 트와이스는 스위트, 베이비 등의 단어가 자주 등장하는데 반해 방탄소년단은 노력, 인생, 노No, 롱wrong 등 청춘의 화두나 부조리 비판에 활용되는 부정어 등이 다수 등장한다. 방탄소년단이란 이름의 의미 그대로 청춘들이 실제로 느끼는 고뇌와 고통, 소외, 어려움에 공감하며, 사회의 부조리를 청중들의 입장에서 고발하고, 희망과 위로의 메시지를 전달하는 내용이 주를 이루고 있다. 또 여기서 더 나아가 아이돌 입장에서는 금기시 될 만한 이유가 충분한 사회적 이슈까지도 과감하게 다룬다.

① 청춘들에 대한 공감과 위로

대표적인 사례로 〈뱁새〉라는 노래를 꼽을 수 있다. 이 노래에는 3포 세대, 5포 세대로 불리는 요즘 젊은 세대들의 입장에서 세상을 바라본다. 특히 노력하면 성공할 수 있다는 기성세대의 시각에 도전한다. 아무리 노력해도 기울어진 운동장에서 경기하는 것처럼 불공정한 게임의 룰이 세팅되어 있기 때문에 아예 룰 자체를 바꿔 달라고 항변한다. 〈쩔어〉라는 노래에도 의지가 없다는 이유로 청춘들을 매도한다며 기성 언론 등을 비난한다. 〈N.O〉에서도 철저하고 완벽하게 청춘들의 입장에서 세상을 바라보고 이들의 고통을 그대로 드러낸다. 방탄소년단은 기성세대의 논리에 대해 청춘의 입장에서 정면으로 도전하는 내용을 담은 다수의 노래를 발표했다.

N.O

좋은 집 좋은 차 그런 게 행복일 수 있을까?

In Seoul to the SKY, 부모님은 정말 행복해질까?

꿈 없어졌지 숨 쉴 틈도 없이

학교와 집 아니면 피씨방이 다인

쳇바퀴 같은 삶들을 살며

일등을 강요받는 학생은

꿈과 현실 사이의 이중간첩

우릴 공부하는 기계로 만든 건 누구?

일등이 아니면 낙오로 구분 짓게 만든 건

틀에 가둔 건 어른이란 걸 쉽게 수긍할 수밖에

단순하게 생각해도 약육강식 아래

친한 친구도 밟고 올라서게 만든 게 누구라 생각해 what?

어른들은 내게 말하지 힘든 건 지금뿐이라고

조금 더 참으라고 나중에 하라고

Everybody say NO!

더는 나중이란 말로 안 돼

더는 남의 꿈에 갇혀 살지 마

We roll (We roll) **We roll** (We roll) **We roll**

〈2013 O!RUL8,2? 앨범 中〉

　　방탄소년단이 엄청난 규모의 글로벌 팬덤을 확보할 수 있었던 핵심 이유 중 하나는 핵심 고객인 청춘들의 실제 감정과 생각, 상황을 공감하는 내용의 가사를 빼놓을 수 없다. 보통 사람들은 누군가가 어떤 문제가 있다고 상담을 받으러 오면 해결책, 즉 솔루션을 제시해주기 위해 노력한다. 하지만 좋은 솔루션을 제시해줘도 상대가 곧바로 위로를 받거나 문제를 해결하지 못하는 경우가 많다. 솔루션 제시가 잘 먹히지 않는 이유는 공감 이슈와 관련이 있다. 상대의 감정과 상황에 공감하지 못하면 문제가 무엇인지 제대로 알 수 없다. 꽤 좋은 해결책이라고 생각할지 모르겠지만 문제를 가진 사람의 진짜 고민과 다를 확률이 높다. 또 실제 문제 해결에 도움이 되는 솔루션을 제시했다 하더라도 상대의 감정이 그것을 수용하지 못하는 상황이 연출될 수도 있다. 분노나 적대감, 혹은 소외감 등 감정으로 인해 솔루션을 전혀 받아들일 수 없는 상황에서는 어떤 탁월한 대안도 현실적으로 문제를 해결하는 데 도움을 줄 수 없다. Agust D(슈가의 다른 이름)의 믹스테입 가사를 보면 청춘들이 꿈이 없다고 나무라는 기성세대에 대해 청춘들이 어떤 생각을 갖고 있는지 알 수 있는 가사가 등장한다. 사실 젊은 시절에 어떤 확실한 꿈을 갖는 것은 정말 어려운 일이다. 이런 감정을 그대로 담아낸 가사는 수많은 청춘들에게 큰 공감을 불러 일으켰다.

so far away

하고 싶은 게 없다는 게 진짜 뭣 같은데

흔한 꿈조차 없다는 게 한심한 거 알어 다 아는데

하란 대로만 하면 된다며 대학가면 다 괜찮아

그런 말들을 믿은 내가 **이지 나 죽지 못해 살어

술이나 좀 줘봐 오늘은 취하고 싶으니 제발 말리지 마

뭐든 좋아 백수 새끼가 술 마시는 건 사치지만

취하지도 않음 버틸 수가 없어 모두가 달리는데 왜 나만 여기 있어

모두가 달리는데 왜 나만 여기 있어 모두가 달리는데

왜 나만 여기서 있지

〈2016 Agust D(슈가 솔로활동명), Agust D 앨범 中〉

방탄소년단 멤버들이 이렇게 청춘들의 생각에 공감하는 가사를

쓸 수 있었던 것은 그들 스스로가 청춘들의 고민을 실제 하고 있었기 때문이다. 물론 자율권을 인정해주고 가식이나 허영이 아닌 진짜 내면의 진심을 음악으로 표현하라고 독려한 리더십도 여기에 결정적인 역할을 했다.

그런데 기업 현장에서 공감은 결코 쉬운 과제가 아니다. 기업의 마케터들은 고객과 공감하기 쉽지 않은 상황에 처해 있기 때문이다. 방탄소년단과 달리 기업 마케터들은 고객 입장에 처해본 적이 별로 없는 경우가 많기 때문이다. 또 공감보다는 솔루션부터 내놓으라고 요구하는 조직들이 대부분이다. 이런 조직 문화에서 고객과 진심으로 공감하기는 무척 어렵다.

인간의 자기중심적 사고방식도 공감을 방해하는 큰 요소다. 실제로 고객을 이해하기 위해 노력하고 있는 마케터들에게 고객의 입장을 공감해보라고 주문했더니 오히려 자기 본위의 편향(자기 생각을 고객 생각이라고 착각하는 현상)이 더 강해졌다는 연구 결과가 나올 정도로 다른 사람의 입장이 되어서 그 사람의 상황과 감정을 느껴보는 것은 정말 어려운 과제다.[36]

방탄소년단 멤버들은 자기중심적 편향을 극복하기 위해 노력했다. 실제로 BTS 20대 멤버들은 몇 살 차이 나지 않지만 10대들에 공감하기 위해 10대 멤버들에게 요즘 어떤 생각을 하고 어떤 감정을 느끼고 있는지 적극적으로 고민해가며 이들의 관심사와 생각을 이해하기 위해 노력했다고 한다. 기업 역시 적극적으로 이런 노력을 해야 한다. 노인용품을 판매하는 회사의 마케터는 고객들에게 공감하기 위해 허리를 굽혀주는 물건을 집어넣거나 휠체어를 타고 도시를 돌아다니며 고객들의 상황을 실제로 느끼기 위해 노력하고 있다.

이렇게 공감은 쉽지 않은 과제지만 일단 공감에 성공하면 그 위력은 엄청나다. 실제 동아일보 〈내러티브 리포트〉에 실린 사례가 이를 잘 보여준다.[37] 부동산 중개업을 운영하던 한 여성은 공항철도 공사로 인해 도로가 높아져 영업을 계속하기 어렵게 되자 국민권익위에 민원을 제기했다. 권익위는 보상이 어렵지만 영업에 피해가 있으니 건설사가 보상안을 강구하도록 했다. 하지만 건설사는 이 여성을 모욕했다. 극도로 분노한 여성은 건설사를 상대로 시위를 벌였다. 먹혀들지 않자 나체시위와 자살기도에 이어 대통령 행사장에서 소란까지 벌였다. 이렇게 6년이 흘렀고 여성의 삶은 파탄이 나 있었다. 권익위에서 이 여성을 만났다. 하지만 권익위 담당자들은 솔루션부터 제시하지 않았다. 여성의 이야기를 듣고 또 들었다. 그러자 여성의 마음이 열렸고 울분이 쏟아졌다고 한다. 이 여성은 지난 6년간 자신의 이야기를 들어준 사람이 아무도 없었으며 주목을 끌기 위해 숭례문에 불을 지르겠다는 생각까지 했다고 한다. 이후에도 권익위 담당자들은 50여 차례 만남을 통해 200시간 넘게 여성의 이야기를 묵묵히 들어줬다고 한다. 놀랍게도 여성은 이 만남을 통해 분노가 조금씩 풀려갔고 스스로 정상적인 생활로 돌아가고 싶다며 권익위를 방문했다고 한다. 권익위는 정부의 생활지원을 받을 수 있도록 소개해줬고 이 여성은 정상적인 생활인으로 복귀했다. 만약 권익위 담당자가 솔루션부터 제시했더라면 결코 이 여성은 정상적인 삶으로 돌아가지 못했을 것이다. 엄청난 시간을 들여서 여성의 이야기를 들어주며 공감해준 게 결정적인 해결책이 된 것이다. 진짜 해결책은 감정과 영혼이 없는 솔루션에서 나온 게 아니라 공감에서 나왔다.

경영에서 공감은 절대적으로 중요하다. 마이크로소프트MS CEO를 맡아 쇠락해가던 회사를 다시 일으켜 세운 사티아 나델라가 《히트 리프레시》라는 책을 통해 밝힌 스토리가 공감의 중요성을 잘 보여준다.[38]나델라는 MS에 입사할 때 "길에 아이가 울고 있다면 어떻게 하겠느냐"는 질문을 받았다. 그는 "911을 부르겠다"고 대답했다. 전형적인 솔루션 중심의 사고에서 나온 대답이다. 하지만 아이는 911보다 누군가의 사랑과 보호를 필요로 하는 것일지도 모른다. 일단 아이가 어떤 상황인지 파악하기 위해 아이와 공감하는 일이 훨씬 중요했다. 그는 솔루션 중심 사고 때문에 MS에 떨어질 뻔 했었다고 말한다. 정확한 이유는 알 수 없었지만 다행스럽게 그는 MS 입사에는 성공했다. 그런데 그의 솔루션 중심 사고는 개인적인 경험을 통해 극적으로 변한다. 그는 미숙아를 낳았고 이 아이가 뇌성마비 등으로 큰 어려움을 겪는 과정에서 아이가 겪는 고통에 공감할 수 있었다고 한다. 그리고 이 경험을 통해 자신의 아이뿐만 아니라 세상의 모든 사람들과 공감할 수 있는 능력을 키워냈다고 고백했다. 그는 CEO가 된 후 쇠락해가던 MS에 변화의 바람을 불러일으켰는데, 그 변화의 핵심 키워드도 공감이었다. 실제

루게릭병 환자들이 독립적으로 생활할 수 있도록 시선 추적 기술을 활용해 다양한 기기를 조정하는 기술을 개발하는 등 공감과 경영이 만나면서 사회적 가치와 경제적 가치를 창출할 수 있었다고 그는 강조한다.

공감은 이처럼 진정한 고객 지향적 혁신의 출발점이다. 솔루션을 제시하기 이전에 고객의 상황이 어떤 것인지 이해하고 같은 감정을 갖기 위해 노력하는 과정에서 최고의 솔루션이 나온다. 청춘들의 문제에 깊게 공감한 방탄소년단이 청춘들에게 해준 위로는 공감능력이 부족한 기성세대가 제시한 극도로 이성적인 솔루션보다 훨씬 더 강한 영향력을 발휘했다.

방탄소년단은 〈INTRO : Never mind〉를 통해 청춘들이 어찌할 수 없는 일이 많다는 점을 지적한다. 그러면서 동시에 포기하기에는 젊고 어리다고 말한다.

INTRO : Never Mind

그 어떤 가시밭길이라도 뛰어가
세상은 니가 어쩔 수 없는 일도 많아
부딪힐 것 같으면 더 세게 밟아 임마
포기하기에는 우린 아직 젊고 어려 임마

〈2015, 화양연화 pt.2 앨범 中〉

또 길을 찾기가 너무 어렵고 혼란스럽지만 그래도 자신을 믿고 길을 찾아야 한다고 독려한다.

LOST

난 너무 어려운 걸 이 길이 맞는지

정말 너무 혼란스러워

never leave me alone

그래도 믿고 있어 믿기진 않지만

길을 잃는단 건

그 길을 찾는 방법

〈2016 WINGS 앨범 中〉

이처럼 청춘들의 감정과 상황에 공감하면서 제시한 솔루션은 훨씬 더 청춘들의 마음을 울릴 수 있었다. 실제 기성세대가 가장 많이 강요하는 꿈에 대한 방탄소년단의 생각은 청춘들의 열광적인 지지를 받기도 했다. 방탄소년단 멤버들은 공연이나 인터뷰를 통해 꿈이 없어도 행복할 수 있다고 말했다. 또 꿈을 꿀 수 있도록 제대로 가르쳐준 적도 없으면서 청춘들 탓으로 돌리는 기성세대를 비판했다. 따라서 본인을 질책할 필요가 없다고 위로한다.

2015년 11월 화양연화 콘서트 중 BTS의 리더 RM은 모두가 자신만의 은하수를 갖고 있는데 끝까지 그 은하수를 발견하지 못하는 사람도 있다며, 모두가 자신의 은하수를 찾았으면 하는 바람에서 노래를 만들었다고 말했다. 충분한 공감의 기반 위에서 청춘들에게 위로를 해주면서 방탄소년단은 청춘들에게 큰 감동을 선물해 줄 수 있었다. 아티스트와 팬은 한쪽이 일방적으로 관심과 사랑을 주는 관계가 아니라 아픔과 고통을 함께 나누며 선한 영향력을 키워가는 동반자로 자리 잡았다.

실제 BTS의 진정성이 담긴 가사는 한국 뿐만 아니라 외국인 팬들의 마음도 움직였다. 방탄소년단은 기획 단계에서 해외 진출을 전략적으로 치밀하게 준비했다고 볼 수는 없다. 해외 진출을 염두에 둔 다른 아이돌 그룹은 멤버 가운데 중국 등 아시아 지역의 규모가 큰 시장을 공략하기 위해 전략적으로 외국인 멤버를 영입하기도 한다. 하지만 BTS 멤버는 외국인 멤버가 한 명도 없다. RM의 영어실력이 뛰어나긴 하지만 해외에서 배운 게 아니고 일산에 살면서 외국 드라마를 보며 독학한 경우다. 물론 빅히트는 해외 진출에 대한 꿈을 갖고 있긴 했다. 하지만 중국이나 아시아 시장에서 잘 됐으면 하는 정도의 막연한 바람이었지, 미국 등 주류 시장을 포함한 글로벌 시장에서의 반응은 전혀 예측하지 못했다. 당연히 이를 위한 치밀한 준비도 하지 못했다. 특히 초기에는 외국인들이 발음하기 매우 어려운 방탄소년단이란 이름만 사용했다. 나중에 해외에서 반응이 오자 외국 팬들이 지어준 BTS라는 명칭을 영어 이름으로 확정했다. 외국 팬들은 방탄소년단이라는 한글 이름을 그대로 영문화해 BTS로 불렸고 이를 'Bulletproof Boy Scouts'의 이니셜로도 해석했다. 글로벌 시장에서 인기를 얻고 난 후인 2017년에 와서야 빅히트는 방탄소년단이 'Beyond The Scene'의 약자라고 공식 발표했다. 이런 점들을 감안하면 의도된 글로벌 전략은 없었다고 볼 수 있다.

예상치 못한 해외 팬들의 반응에는 여러 요인이 있지만, 내면에서 나온 진정성 있는 음악으로 젊은 세대와 공감했다는 점을 결코 빼놓을 수 없다. 방탄소년단의 영향력 확대 과정에서 흥미로운 점 하나를 발견할 수 있다. 해외 팬들이 뮤직비디오를 보는 모습을 촬영한 리액션 영상이나 방탄소년단의 영상을 재가공한 영상들이 유독 많고, 이런 영상이 팬덤 확산에 기여했다는 점이다. 이런 영상들을 보면 해외 팬들이 방탄소년단 콘텐츠에 공감을 통한 가치를 공유하고 있다는 점을 확인할 수 있는 내용들이 많다.

2018년 발매된 LOVE YOURSELF 轉 'Tear' 앨범에 〈Magic Shop〉이란 노래가 실렸다.

Magic Shop

내가 나인 게 싫은 날, 영영 사라지고 싶은 날
문을 하나 만들자 너의 맘 속에다
그 문을 열고 들어가면,
이 곳이 기다릴 거야

믿어도 괜찮아 널 위로해줄 Magic Shop

〈2018 LOVE YOURSELF 轉 'Tear' 앨범 中〉

위 가사를 듣고 한 외국 네티즌은 리액션 영상에서 펑펑 울기도 했다. 가사 그대로 '내가 나인 게 싫고, 영영 사라지고 싶은' 생각을 해봤기 때문에 이 팬은 펑펑 울었던 것으로 추정된다. 자신의 생각과 감정을 방탄소년단이 너무나 정확히 표현해줬기 때문에 이런 반응이 나왔던 것으로 보인다.

또 다른 외국의 성인 남성은 '하이라이트 릴' 뮤직비디오 리액션 영상에서 극중 제이홉이 어린 시절, 놀이공원에 데려간 엄마가 아이에게 "눈 가리고 있어, 열 셀 동안 절대 눈뜨면 안돼 알겠지?"라고 말하고 초코바를 하나 옆에 놓은 채 아이를 버리고 가는 장면을 봤다. 이 남성은 갑자기 눈물을 쏟아내며 자리를 떴다. 실제 이 남성은 어린 시절, 별거 중이던 아빠가 유치원 졸업파티를 해줘서 너무나 행복했는데 파티가 끝나고 아빠가 이제는 다시 만나지 못한다고 말하며 떠났다고 한다. 상실과 외로움, 이별 등 현실에서 일어나는 아픔을 담아내려고 노력했던 점이 공감의 가치를 창출하며 국적과 문화를 초월해 전 세계 수많은 청춘들에게 깊은 울림을 줬다고 볼 수 있다.

② 사회적 이슈에 대한 관심

한국 사회에서는 사회적 이슈들을 둘러싸고 대립적 이념을 가진 진영 간 갈등이 심각한 수준이다. 나와 다른 견해에 대한 포용력도 매우 낮다. 이는 비단 한국만의 현상은 아니다. 미국 등 선진국에서도 스스로를 '중도'라고 생각하는 사람보다 대립하는 양 극단 중 하나에 속한다고 생각하는 사람이 늘어나는 등 이념 측면에서의 양극화가 진행되고 있다. 미국 트럼프 대통령 당선 이후 이민, 무역, 기후변화, 외교안보 정책 등 수많은 영역에서 갈등이 심화되고 있는 것을 보면 이념의 양극화 현상이 이전보다 심화되고 있다는 것을 쉽게 알 수 있다.

이런 상황에서 굳이 아이돌 그룹이 민감한 사회적 이슈에 대해 문제를 제기할 필요는 없어 보인다. 시장 확보라는 측면에서 어느 한 쪽 편을 들면, 다른 한 쪽의 거부감을 불러일으킬 수 있기 때문이다. 굳이 기업 스스로 나서서 시장의 반쪽을 잃을 위험이 있는 전략을 취해야 할 합리적 이유는 아무리 생각해도 찾아보기 힘들다.

실제 이런 이유 때문에 아이돌 그룹의 음악 대부분은 사회적 이슈와 거리가 있다. 사랑이나 이별 같은 사적, 개인적 감정에 대한 이야기가 주를 이룬다. 물론 일부 아이돌은 사회적 이슈를 앞세운 사례가 있다. H.O.T.가 학교폭력 이슈를 제기했고, 서태지와 아이들이 통일이나 주입식 교육과 관련한 문제를 제기한 적이 있다. 하지만 대다수는 사회적 이슈보다는 논란거리가 없는 영역에서 음악 활동을 하고 있다.

방탄소년단은 사회적 이슈를 제기했던 일부 아티스트보다 훨씬 더 다양한 영역에서 사회적 이슈를 더 자주, 또한 강하게 제기해왔다는 점에서 아이돌 역사상 유례를 찾기 힘들다. 예를 들어 자본주의가 발전하면서 한국 사회에 계층이 고착화되고 있다는 지적이 제기되고 있다. 어느 사회에나 계층은 있다. 하지만 경제 발전 단계가 높아지면서 유럽 사회처럼 계층 간 이동의 사다리가 막힌 것 아니냐는 지적이 나오고 있다. 이는 소위 금수저, 흙수저 논란으로 대표된다. 방탄소년단은 이런 현실을 정면으로 비판하는 가사를 담은 음악을 만들었다. 일부 내용만 살펴봐도 아주 강렬하게 문제를 지적하고 있음을 알 수 있다. 〈Am I Wrong〉이란 노래에서 한 때 사회적으로 논란을 일으켰던 "민중은 개돼지" 발언을 풍자한 내용이 들어가 있다. 황새와 뱁새는 소위 금수저와 흙수저를 상징한다. 〈뱁새〉라는 노래를 통해서도 기득권층에서 사회적 약자들에게 '열정 페이'를 감수하라는 압력만 넣고 있지, '기울어진 운동장'으로 대변되는 계층 간 이동 사다리의 단절 등 구조적인 문제에 대해서는 거의 신경 쓰지 않고 있다는 점을 신랄하게 비판했다.

Am I Wrong

우린 다 개 돼지 화나서 개 되지
황새 VS 뱁새 전쟁이야 ERRDAY
미친 세상이 yeah

우릴 미치게 해

그래 우린 다 CRAZY

자 소리질러 MAYDAY MAYDAY

〈2016 WINGS 앨범 中〉

뱁새

알바 가면 열정페이

학교 가면 선생님

상사들은 행패

언론에선 맨날 몇 포 세대

룰 바꿔 change change

황새들은 원해 원해 maintain

그렇게는 안 되지 BANG BANG

이건 정상이 아냐

〈2015 화양연화 pt.2 앨범 中〉

인권과 인종차별 같은 보편적 이슈도 자주 등장한다. 대표적인
사례가 방탄소년단의 〈Not Today〉다. 이 노래 가사에는 인권운

동가 마틴 루터 킹 목사의 연설 내용 중 일부가 등장한다. 마틴 루터 킹 목사의 연설문 중 "If you can't fly then run, if you can't run then walk, if you can't walk then crawl, but whatever you do you have to keep moving forward(만약 날지 못한다면 뛰고, 뛰지 못한다면 걷고, 걷지 못한다면 기어가. 그러나 무엇을 하건 넌 반드시 앞으로 나아가야 해)"에서 영감받은 가사를 활용했다. 'All the underdogs in the world(세상의 모든 언더독을 위하여)'라는 가사로 시작하는 이 노래는 각종 차별과 편견 속에서 고통받고 살아가는 소수자들에게 좌절하지 말고 자신의 힘을 믿고 앞으로 우직하게 나아가라고 호소한다. 이 노래의 뮤직비디오는 유튜브에서 2억 뷰 이상을 기록하고 있다.

Not Today

날아갈 수 없음 뛰어

Today we will survive

뛰어갈 수 없음 걸어

Today we will survive

걸어갈 수 없음 기어

기어서라도 gear up

겨눠 총! 조준! 발사!

⟨2017 YOU NEVER WALK ALONE 앨범 中⟩

방탄소년단은 인권과 차별에 대한 저항을 단순히 음악으로만 표현한 것은 아니다. 〈Not Today〉와의 정확한 인과관계를 알 수 없지만 방탄소년단은 2018년 4월 미국 팝가수 스티비 원더의 요청으로 마틴 루터 킹 목사 추모 캠페인 영상 'Dream Still Lives'[39]에 참여하기도 했다. 약 5분 가량의 영상에는 버락 오바마 전 미국 대통령 내외. 가수 머라이어 캐리, 방송인 제임스 코든, 모델 나오미 캠벨, 골프 선수 타이거 우즈, 콘돌리자 라이스 전 미국 국무장관, 안토니우 구테흐스 전 유엔 사무총장, 애플 CEO인 팀 쿡 등 유명인이 출연했다. 방탄소년단은 공식 트위터로 추모 캠페인 참여를 팬들에게 알리며 마틴 루터 킹 목사의 꿈은 여전히 살아있으며 함께 캠페인을 공유해달라고 부탁했다. 영상에서 BTS 리더 RM은 "꿈은 아직도 살아 있다. 우리의 꿈은 사람들이 자신을 사랑하는 것"이라고 말했다. 이는 당시 BTS 앨범 시리즈 타이틀인 '러브 유어셀프(LOVE YOUSELF, 자신을 사랑하라)' 라는 메시지와 연결된다. 또 2017년 미국 뉴욕에서 열린 콘서트에서 팬들이 섹션으로 나눠서 무지개색 응원봉을 흔드는 이벤트를 펼쳤다. 무지개색은 미국에서 성소수자 권리 보호를 상징하는 색이기도 하다. 이 공연에서 RM은 엔딩멘트로 "방탄소년단이 푸르덴셜센터 2회 공연을 매진시키다니 꿈인가요? 여러분이 저희에게 무지개를 보여주신 것처럼 음악과 퍼포먼스가 언어, 국가, 인종을 초월한다고 진심으로 느낍니다. 여러분도 느끼시죠? 무지개처럼 여러분이 빨간색이든 파란색이든 오렌지색이든 초록이든 보라색이든 상관없어요."라며 소수자의 인권 문제를 은유적으로 언급하기도 했다.

여기까지는 인권이나 차별 반대 등 인류가 추구하는 보편적 가치와 맞닿아있는 영역에서 의견을 피력한 것으로 볼 수 있다. 그런데 방탄소년단은 이보다 더 논쟁적인 소재도 다룬다. 대표적인 게 광주민주화운동과 세월호 이슈다.

방탄소년단은 2018년 첫 번째 앨범을 발표하면서 날짜를 5월 18일로 잡았다. 우연이라고 볼 수도 있지만 적어도 한국의 소비자들이 무언가 연상하기를 기대하는 마음에서 이런 날짜를 선정했다고 해석할 수도 있는 대목이다. 과거에도 대구가 고향인 BTS 멤버 슈가는 데뷔 전 518 추모 믹스테잎(힙합이나 R&B 아티스트들이 온라인상에서 무료로 공개하는 노래나 앨범)을 발매하며 5·18 민주화운동을 잊지 말자는 의미로 만든 곡이라고 밝히기도 했다.

518-062

펴진 태극기와 퍼진 애국가

커진 새 글씨가 걸린 내 국가

며칠 째 불씨가 타오르던 순간

누군가의 이름에 걸린 명예의 훈장

뱉을 말은 뱉는다 뱉은 다음 외친다

외친 다음 새긴다 새긴 자의 책임감을

잊지마 포장뿐인 자의 혀는 믿지마

진실과 거짓 사이 그대여 길을 잃지마

탁한 바람 가득 한 땅 위에 내린 새싹

5-1-8 어둡던 지난날의 밤이 지나 탄생한

새 역사를 위해서

손을 들어 hands up

〈2010 데뷔 전 공개된 SUGA 자작곡〉

BTS의 노래 〈Ma City〉 중 제이홉의 랩 파트에서는 이런 부분도 등장한다.

Ma City

날 볼라면 시간은 7시 모여 집합

모두 다 눌러라 062-518

〈2015 화양연화 pt.2 앨범 中 〉

제이홉은 광주광역시 출신이다. 광주는 서울이 시계의 12시 방향에 있다고 가정했을 때 7시 방향에 위치해 있다. 062는 광주의 지역번호이며 이를 518이란 숫자와 연결하고 있다. 이런 상징 코드들을 통해 사회적 메시지를 직간접적으로 전달하고 있음을 알수 있다. 방탄소년단은 또 2017년 2월 〈봄날〉을 발매했는데, 당시에는 촛불집회와 대통령 탄핵 등의 정치 이슈가 대한민국을 뒤흔들고 있었던 상황이다. 세월호 이슈도 여전히 중요한 관심사였다. 〈봄날〉 가사에는 이런 정치상황과 관련이 있다고 볼 수도 있는 상징과 은유가 등장한다.

봄날

여긴 온통 겨울뿐이야

8월에도 겨울이 와

..

얼마나 기다려야

또 몇 밤을 더 새워야

널 보게 될까

만나게 될까

...

아침은 다시 올 거야

어떤 어둠도 어떤 계절도

영원할 순 없으니까

벚꽃이 피나 봐요

이 겨울도 끝이 나요

보고 싶다

보고 싶다

조금만 기다리면

며칠 밤만 더 새우면

만나러 갈게

데리러 갈게

〈2017 YOU NEVER WALK ALONE 앨범 中〉

　또 〈봄날〉 뮤직비디오에는 독특한 간판이 새겨진 집이 등장한다. 바로 'Omelas'라는 글자가 새겨진 집이다. 이곳에서 신나게 파티를 즐기던 BTS 멤버들이 결국 눈 덮인 벌판으로 떠나가는 장면이 등장한다. Omelas는 어슐러 르귄의 '오멜라스를 떠나는 사람들'이라는 소설에 나오는 가상 지명이다. 오멜라스라는 곳의 사람들은 너무나 큰 행복과 평화와 번영 속에서 살아간다. 하지만 이건 한 어린 아이의 희생 때문에 가능한 행복과 번영이었다. 나중에 이걸 알게 된 사람들은 한 아이의 희생 위에서 찾아온 행복은 정의롭지 않다는 생각에서 오멜라스를 떠난다. 결국 부조리한 현실을 참지 않고 새 세상으로 떠나겠다고 해석할 수도 있는 뮤직비디오다. 한국에서 대통령 탄핵 등 복잡한 정치 상황이 정리되고 난 후인 2017년 12월 열린 콘서트에서 방탄소년단 리더 RM은 〈봄날〉의 '여긴 온통 겨울뿐이야'라는 가사를 '저긴 온통 겨울뿐이야'로 바꿔 불렀다. 왜 이렇게 가사를 바꿨는지 묻는 질문에 RM은 "우리의 겨울을 뚫고 왔다고 생각하기 때문"이라고 밝히기도 했다. 이밖에 방탄소년단은 세월호 참사 유가족을 위해 1억원을 기부했으며, 유니세프 한국위원회에 아동폭력 방지를 위해 5억 원을 선기부했고, 2017년 11월 이후 2년간 음반판매 수익의 3%, 공식 굿즈판매 이익 전액을 '유니세프×BTS end violence' 캠페인에 기부하기로 했다.

만약 이 책을 읽는 경영자들이 엔터테인먼트 회사를 운영한다면 BTS와 같은 방식의 사회 참여 시도에 대해 어떤 반응을 보일까? 아마도 상당수는 민감하거나 논란이 될 수 있는 가사나 영상, 행동들을 자제시킬 확률이 높다. 비즈니스 측면에서 긍정적 영향보다는 부정적 영향이 클 것이기 때문이다.

실제로 정치적으로 민감한 사건은 조금만 관여가 되더라도 불필요한 논란과 의도하지 않은 이슈를 만들어낼 수 있다. 일례로 미국 플로리다주 파크랜드에서 학교 총기난사 사건이 일어난 후 미국 델타항공은 전미총기협회NRA 회원들에 대한 할인혜택을 취소한다고 발표했다. 델타항공의 방침은 총기소유와 관련한 논란에서 '중립'을 지키기 위한 것이었다고 한다. NRA 회원들에 대한 할인혜택이 특정 입장을 지지하는 것으로 비쳐질 것을 우려했던 것이다. 하지만 이 조치로 인해 델타항공이 NRA의 반대편에 선 것으로 이해됐고, 델타항공 본사가 자리 잡은 미국 조지아주 상원 의회는 델타항공 항공유에 대한 세제혜택을 없애 회사측에 수백만 달러의 손해를 안겼다고 한다.[40] 영리를 추구하는 법인에게 최고의 전략은 가급적 민감한 문제, 오해를 일으킬 수 있는 이슈에 대해서는 거리를 두는 게 최선이라고 생각하게 만드는 사례다.

　하지만 최근 들어 확실히 상황이 달라졌음을 느낄 수 있다. 미국에서는 '신新 CEO 행동주의자New CEO Activists'[41]라는 용어가 통용될 정도로 거대 글로벌 기업의 CEO들이 정치적, 사회적으로 민감한 이슈에 대해 자신의 신념과 소신을 드러내고 있다. 도화선이 된 것은 하워드 슐츠 전 스타벅스 회장이었다. 그는 공화당과 민주당 간 심각한 갈등으로 연방 정부 예산이 집행되지 못하는 등 정부가 제대로 기능하지 못하는 상황에까지 이르게 되자 미국 내 매장에서 바리스타들이 고객들에게 제공하는 커피의 컵에 'come together(하나로 뭉치자)'라는 단어를 써서 고객들의 관심과 주의를 환기시키는 캠페인을 벌여 좋은 평가를 받았다. 이어 비무장 흑인에 대한 경찰의 총기 사용 및 무죄 판결 등으로 미국 사회에 인종 차별 이슈가 부각되자 하워드 슐츠는 'race together(모든 인종과 함께)' 캠페인도 벌였다. 스타벅스 매장의 바리스타들이 고객들에게 "인종차별에 대해 어떻게 생각하느냐?"는 질문을 던지고 이 이슈에 대해 토론을 유도하면서 고객들에게 주는 커피잔에 'race together'란 문구를 직접 써주는 캠페인이다. 이후 애플의 팀 쿡 CEO가 성 소수자를 차별하는 법률에 반대한다는 입장을 단호히 밝히는 등 많은 유명 기업의 CEO들이 정치 및 사회 이슈에 대해 자신의 소신을 밝혔다. 특히 트럼프 대통령 당선 이후 미국 사회에서 극단적 이념 대결이 펼쳐지면서 CEO 행동주의는 이제 보편적인 현상으로 자리잡아가고 있다.

왜 이렇게 냉철한 시장 경쟁에 내몰렸던 CEO들이 반대파의 저항이라는 큰 위험을 감수하면서 특정 정치적, 사회적 이슈에 대해 목소리를 내고 있을까? 이는 '정경분리'가 당연한 상식처럼 받아들여졌던 시대가 가고, 새로운 세상이 오고 있다는 점과 관련이 있다. 즉, 기업에 대한 관점이 근본적으로 달라지고 있다. 경영학 원론에 나오는 대로 '기업의 목적은 이윤 창출이고 기업은 주주가치를 극대화해야 한다'는 시각은 이제 새로운 관점에 의해 도전받고 있다.

기업은 주주들의 이윤창출이란 목적을 달성하기 위한 수단적 존재라는 인식이 과거 상식처럼 여겨졌다. 아직도 경영학 원론 책에는 이런 관점이 여전히 지배하고 있다. 하지만 조금만 더 깊이 생각해보면 이런 생각은 여러 가지 문제를 갖고 있음을 알 수 있다. 기업은 누군가의 목적 달성을 위한 수단이 아니라, 그 자체로 사회에서 중요한 역할을 수행하는 독립적인 실체이다. 주주라고 해도 기업의 자원을 자기 마음대로 사용해서는 안 된다. 설령 절반 이상의 지분을 보유하고 있어 경영권을 행사하고 있는 주주라도 법인 차량을 사적으로 도용하거나, 법인 명의로 산 예술 작품을 자신의 집에 걸어놓으면 안 된다. 법과 도덕을 지키며 살아야 하는 자연인처럼 법인도 마찬가지 윤리적 의무를 준수해야 한다.

주주는 투자금을 대준 대가로 이익이 생기면 분배를 받을 권리를 가진 이해관계자 중 한 명일 뿐이다. 주주 외에도 다양한 이해

관계자들(정부, 시민단체, 학교, 종업원, 고객, 공급업체)의 협력과 지원으로 기업은 가치를 창출하고 있으며, 중요한 사회 구성원으로서 사회 발전에 기여해야 할 책임을 가진 존재다. 실제 기업은 정부의 각종 법률과 제도적 인프라를 활용하고 있으며 이를 이용한 대가로 정부에 세금을 낸다. 정부에 낸 세금은 인프라 조성은 물론이고 시민단체와 학교 등 기업의 가치 창출에 직간접적으로 기여한 조직들에 지원된다. 또 기업은 종업원들의 참여와 헌신의 대가로 임금을 주고, 수익 창출의 원천인 고객에게는 소비자 잉여consumer surplus를 제공한다. 가치 창출 과정에 참여하는 공급업체에게는 납품의 대가를 지급한다.

독립한 성인 자녀가 부모의 소유물이 아닌 것처럼 기업도 주주의 소유물이 아니다. 설령 독립하지 않은 어린 자녀라 할지라도 부모가 자신의 소유물처럼 다루면 수많은 갈등과 분쟁이 생겨난다. 기업을 주주의 소유물로 생각하는 건 일면만 바라본 편협한 관점으로 현실과 잘 부합하지 않는다. 기업을 '법인法人'이라고 말하며 인격을 부여한 것도 사람과 같은 사회적으로 의미 있는 독립적 존재로서 권한과 책임을 부여하기 위함이다.

이런 관점에서 보면 전혀 새로운 생각을 할 수 있다. 개인이 사회적인 이슈에 대해 양심과 소신을 갖고 입장을 표명하고 더 좋은 사회를 만들기 위해 노력해야 할 도덕적 책임이 있는 것처럼 법인도 마찬가지 책임이 있다고 볼 수 있다. 불행하게도 불과 얼마 전까지 전근대적 정치 스캔들이 일어날 정도로 한국에서는 합리성의 수준이 떨어지는 측면도 있었기 때문에 기업 CEO의 사회 참여는 남의 나라 이슈로 보일 수 있다. 하지만 자본주의가 발달한 미국에서 벌어지는 CEO의 적극적인 사회 참여 활동을 보면 이는 미래의 중요한 트렌드 중 하나가 될 확률이 높다.

또 소비자의 변화도 이런 트렌드에 한 몫을 하고 있다. 경쟁이 치열해지고 정보가 투명하게 공개되면서 소비자들이 단순히 품질이나 가격 측면에서의 경쟁우위만 고려해서 구매 결정을 내리지 않는다. 물론 가격과 품질의 우위는 소비자의 선택을 받기 위해 반드시 필요한 요소다. 하지만 경쟁 격화에 기술 평준화 현상 등이 나타나고 있어 가격과 품질 측면에서의 차별화를 지속적으로 유지하기 어려운 상황이다. 그리고 온라인과 SNS로 무장한 소비자들은 때로 공급자보다 더 강한 정보력을 확보한 경우도 많다. 이런 소비자들은 제품이나 서비스의 가격대비 가치 외에도 해당 기업이 추구하는 철학에 대한 관심을 높여가고 있다. 특정 기업이 추구하는 고유의 개성과 DNA에 기반한 상품과 서비스에 더 높은 가치를 부여하고 있는 것이다. 독특한 개성과 철학을 가진 브랜드나 제품은 빠른 시간 안에 SNS를 타고 소비시장을 뒤흔드는 사례가 많다. 물론 그 반대로 단기 이익을 위해 소비자들을 기만하거나 속이는 기업들은 SNS를 통해 관련 정보가 순식간에 확산되면서 엄청난 피해를 입기도 한다.

앞으로 이런 환경이 심화되면서 기업은 사회의 책임 있는 주체로 특정 정치, 사회적 이슈에 대해 입장을 밝히거나 적극적인 사회

발전에 기여해야 한다는 책임을 요구받게 될 것이다. 즉, 적어도 미국에서는 시간이 지날수록 사회적 이슈에 대해 입장을 표명하지 않고 눈치를 보는 게 더 큰 리스크가 될 수 있다. 사회적 쟁점에 대해 입장을 표명하지 않는 경우 책임 있는 기업으로서 갖춰야 할 고유의 철학과 가치관이 부재한 조직으로 여겨질 수 있다.

또 밀레니얼 세대는 조직의 이익을 위해 영혼을 언제든지 팔 수 있는 기업, 즉 철학과 가치관이 부재한 직장에서 일하길 꺼려하고 있다. 자신에게 월급을 주는 곳 이상으로 사회에 의미 있는 가치를 창출하는 곳에서 일하고 싶어 한다. 한국에서도 취업난이 극심한 상황임에도 대기업에 입사한 신입사원의 30%가 몇 년 안에 회사를 미련 없이 떠나고 있다. 대부분의 이유는 경제적 문제와 관련이 없다. 조직 문화를 수용하지 못하거나, 개인의 성장이 정체된다고 느끼거나, 일의 의미를 찾을 수 없기 때문에 조직을 떠나고 있다. 더 이상 경제적 보상, 혹은 조직에서의 승진 등과 같은 전통적인 보상만으로 밀레니얼 세대를 포용하기 어려운 시대다. 보다 깊이 있는 조직의 철학과 가치관, 그리고 이를 실제로 현실에서 실천하는 모습이 필요하다.

물론, 이게 쉬운 과제는 아니다. 사회적 이슈에 참여하는 건 양날의 칼과 같다. 철학과 가치관을 원하는 소비자와 내부 조직 구성원들에게 어필할 수 있는 잠재력을 갖고 있지만, 위험 요소도 크다. 무엇보다 사회적 압력에 떠밀려 제대로 조직의 가치관과 철학이 정립돼 있지도 않은 상황에서 섣불리 나섰다가 더 큰 비난을 초래할 수 있다. 실제 스타벅스의 사례를 보면 'come together' 캠페인은 효과적으로 잘 진행됐다. 하지만 'race together'는 맹렬한 비난을 받고 얼마 가지 않아 캠페인을 접어야 했다. 사회적 이슈에 대한 입장 표명이란 점에서 유사한 캠페인이 왜 이렇게 다른 결과를 가져왔을까. 'come together'의 경우 스타벅스 내부의 상황과 큰 연관성이 없었다. 여야가 협력을 통해 정부를 정상화하자는 바람을 담은 캠페인은 스타벅스의 내부 관행이나 문화와 충돌할 요소가 거의 없었다. 그러나 'race together'는 상황이 달랐다. 하워드 슐츠 전 회장의 의지와 달리 스타벅스 내부 구성원들 스스로가 인종차별과 관련해 아주 떳떳한 입장이었다고 보기 어려운 사례들이 여럿 있었다. 대표적인 게 스타벅스의 일부 바리스타들이 찢어진 눈을 컵에 그려 넣는 등 동양인을 비하했다는 논란이다. 또 스타벅스 직원들은 백인 고객과 달리 흑인 고객에게 음료를 주문하지 않았다는 이유로 화장실 이용을 막고 경찰을 불러 쫓아냈다가 거센 역풍을 맞기도 했다. 게다가 스타벅스 경영진은 모두 백인으로 구성되어 있었다. 이렇게 내부적으로도 인종차별 관행이 존재하는 상황에서 차별을 막자며 캠페인을 벌인 건 위선, 혹은 돈을 벌기 위한 '사술詐術'로 여겨졌다. 역풍이 거세질 수밖에 없었다.

　그렇다면 사회적 이슈로 어필할 수 있으려면 어느 정도까지 조직의 준비가 필요할까. 동물실험 반대와 환경 보호, 인권 등 정치적, 사회적 이슈와 관련해서 비즈니스계를 선도하고 있는 수제 화장품 브랜드 러쉬LUSH의 사례[44]를 살펴보면 도움이 될 것이다. 러쉬는 동물실험을 반대한다는 철학과 소신을 지키기 위해 중국 시장 진출을 포기했다. 중국은 화장품 브랜드들이 동물 실험을 의무적으로 실시하도록 규제하고 있기 때문이다. 러쉬처럼 동물 실험을 반대한다는 입장을 표명한 화장품 회사는 많았지만, 거대한 규모의 중국 시장에 진출하기 위해 대부분은 현실과 타협했다. 반면 러쉬는 매출보다 자신들이 추구하는 가치를 택했다. 또 환경 보호와 관련한 이념을 실천하기 위해 화석연료를 사용하는 비행기를 임직원들이 출장용으로 탈 때마다 내부적으로 탄소세를 거둬서 환경 캠페인에 사용하고 있다. 이렇게 환경 기준이 너무 엄격하다 보니 이를 지키지 못한 파트너가 생겨났고, 러쉬는 손해를 감수하면서 이들과 이별했다. 추구하는 가치에 대해 직원들에게 철저하게 교육하고, 환경보호를 위해 일회용품 사용을 억제하는 등의 실천을 요구하며 좋은 관행을 전사적으로 확산시키는 데 열을 올리고 있다. 또한 최고윤리책임자가 'No' 하면 CEO도 어쩔 수 없이 따라야 하는 조직 문화도 구축했다. 요약하면, 이윤보다 더 중요한 가치가 명확히 존재하고, 구체적인 행동과 실천을 통해 조직원들이 이를 공유하고 있다면, 러쉬처럼 떳떳하고 당당하게 사회적 이슈를 말할 수 있다.

다시 BTS로 돌아가 보자. 방탄소년단은 아이돌로서는 드물게 정치적, 사회적 이슈를 다루고 있다. 이런 현상이 나타난 첫 번째 이유는 앞서 설명한 자율성의 가치를 더 높게 두었기 때문으로 풀이된다. 독립적 아티스트로서 BTS 멤버들이 하고 싶은 주장을 사업적 이유로 통제하지 않겠다는 원칙 때문에 민감한 사회적 이슈가 다양한 형태로 음악과 뮤직비디오에 녹아들어갔다고 볼 수 있다. 두 번째 이유는 선한 영향력이라는 원칙과 관련이 있다. 실제 사회 발전에 기여하고, 사회적 문제 해결에 도움이 되는 역할을 하고 싶다는 초기의 변하지 않는 원칙이 그대로 적용되고 있기 때문으로 볼 수 있다.

실제 글로벌 팬덤 확보에 BTS의 이런 전략은 긍정적 요소로 작용했다. 서구적 관점에서 보면 동양의 남성 아티스트는 백인 중심 사회에서 소수자, 혹은 약자로 비쳐진다. 그런 점에서 어떤 종류의 차별에도 반대한다는 방탄소년단의 메시지는 더욱 진정성 있게 고객들에게 다가갈 수 있었다고 볼 수 있다. 또 더 큰 공감도 불러 일으킬 수 있었다.

이런 방탄소년단의 전략은 다른 아이돌 그룹과 차별화된 고유의 가치를 제공했지만, 동시에 적지 않은 위험도 내포하고 있다. 스타 벅스의 'race together' 캠페인 사례가 반면교사가 될 수 있다. 자신의 세계관과 철학으로 정립되지 않은 영역에서 섣불리 정치적 사회적 이슈를 다뤘다가 거센 역풍을 맞을 수도 있다. 특히 평소 추구하는 철학과 다른 행동을 할 경우 매우 심각한 비난을 받을 수 있다. 인권을 옹호하고 차별과 억압의 구조에 대해 맞서겠다는 메시지를 애써 전달했는데, 실제 BTS의 음악 활동이나 빅히트의 운영 과정에서 '갑질' 혹은 인종차별 등의 이슈가 불거지면 과거의 메시지 때문에 훨씬 더 큰 비난을 받을 수 있다. 실제로 BTS의 해외 공연에서 스텝들이 한국 팬들에 대해 과도한 소지품 검사 및 폭언을 했다는 제보가 나오면서 빅히트측이 공식 사과문을 발표하고 책임자 조사를 약속하기도 했다. 사회적 이슈에 대해 언급한다는 것은 훨씬 큰 책임을 요구한다. 자칫 초심을 잃거나, 공표한 이념적 지향성을 조직원들이 제대로 공유하지 못해 문제를 일으키면 엄청난 비난에 직면할 수 있다.

하지만 이런 위험에도 불구하고 선한 영향력이란 원칙은 BTS에게 변할 수 없는 가치이자 전략이다. 해외 공연에서 스텝들의 잘못된 행동과 같이 돌발 사고는 있을 수 있었지만 이런 문제에 대해 진정성 있게 사과하고 원칙에 따라 철저하게 책임자를 처벌하고 진심어린 재발 방지책을 마련하면 오히려 자신들이 고수하고 있는 철학과 원칙을 더욱 공고히 하는 계기가 될 수도 있다. 비즈니스적으로 손해가 되더라도 이런 원칙을 지켜가는 것은 BTS의 존재 이유와 관련이 있다. 선한 영향력은 결코 양보할 수 없는 불변의 가치라는 점을 잊어서는 안 된다.

▶ 치밀한 분석과 전략 기획보다는 고객의 불편이나 불만을 해소해주는 방법, 혹은 내면에서 우러나오는 소명의식이나 사명감에 기반해 나온 사업 아이디어가 훨씬 의미 있는 성과를 창출한 사례가 많다.

▶ 변하는 것과 변하지 않는 것이 무엇인지 고민해본다면 조직원들에게 '프레임워크 내의 자율'을 제공해줄 수 있고 관성의 덫에서 빠져나오도록 유도할 수 있다.

▶ 감추고 싶은 취약점을 포함한 진짜 내면의 이야기는 그 어떤 현란한 기획과 가공의 스토리보다 타인과 정서적 유대를 형성하는 데 도움을 준다.

▶ 많은 조직의 리더는 부하 직원에게 솔루션을 제시하기 위해 노력한다. 하지만 솔루션보다 공감이 훨씬 중요하다. 꼰대는 솔루션을, 훌륭한 리더는 공감을 앞세운다.

▶ 기업이 민감한 사회적 정치적 이슈에 대해 입장을 표명하는 건 현명하지 않은 행동 같아 보인다. 하지만 극단적 투명성을 요구하는 시대에 기업 역시 사회적 이슈에 대해 입을 열도록 강요받고 있다. 이런 트렌드에 대해 고민하고 적응할 방안을 찾아야 한다.

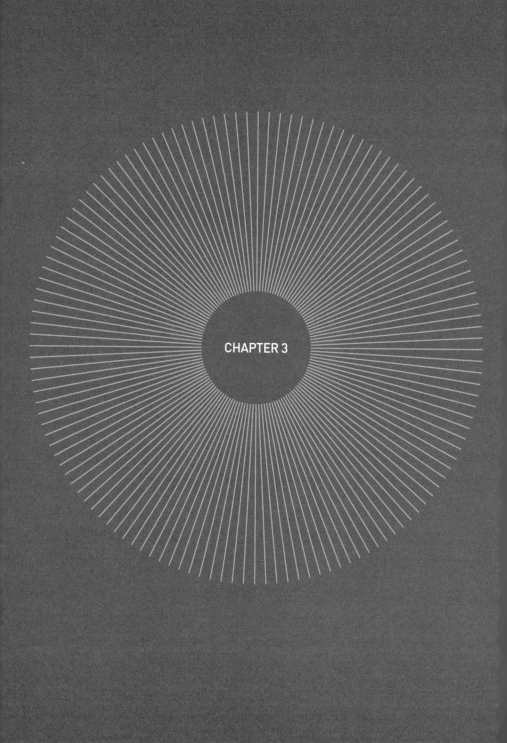

CHAPTER 3

융합의 싱귤레리티

혁신과 이질적인 요소의 융합

2018년 5월 트위터를 자주 사용하는 전 세계의 과학자와 엔지니어 등 기술 분야의 전문가들은 깜짝 놀랐다. 갑자기 싱귤래리티(singularity, 특이점)란 단어가 수백만 건 이상 리트윗되면서 전 세계 실시간 트윗 1위를 차지했기 때문이다. 미래학자 레이 커즈와일이 인공지능이 인간의 지능을 넘어서, 기술 스스로가 기술을 발전시키는 시점인 싱귤래리티가 머지않아 도래할 것이라고 예측하면서 싱귤래리티라는 개념은 많은 사람들의 관심을 받았다. 손정의 일본 소프트뱅크 회장은 특이점이 반드시 도래한다는 신념으로 첨단 기술 분야에 대한 투자를 강화하고 있기에 비즈니스계에서도 이에 대한 관심이 매우 높은 상황이었다. 그런데 갑작스러운 싱귤래리티의 트윗 폭발에 대해 많은 과학자와 엔지니어들은 특이점과 관련한 새로운 기술적 돌파구의 등장과 관련이 있을 것이라고 생각했다.

하지만 얼마 지나지 않아 왜 이런 일이 생겼는지 밝혀졌다. 방탄소년단이 3번째 정규앨범 LOVE YOURSELF 轉 'Tear' 발매를 앞

두고 인트로 곡을 발표했는데, 그 노래의 제목이 싱귤래리티였던 것이다. 이 노래를 공개한 후 트윗이 쏟아지면서 관련 개념에 관심이 많았던 과학계가 뜻하지 않게 들썩인 사건이다.

BTS의 가장 큰 특징 중 하나는 고정된 영역에 머물지 않고 다양한 영역을 끊임없이 융합시키고 있다는 점이다. 앞서 소개한 내면의 진심을 담은 음악, 선한 영향력, 수평적 소통은 방탄소년단이 지켜야 할 불변의 원칙이다. 이 원칙을 지켜가면서 나머지 영역에서는 적극적인 변화를 모색하고 있다. 즉, 음악의 형식과 내용 등의 측면에서 끊임없이 새로운 변화를 모색하고 있다. 다양한 음악 장르를 아우르는 것은 물론이고, 문학, 예술, 철학, 영화, 과학 등 여러 분야에서 아이디어를 가져와서 영역을 확장하고 있다.

이질적인 영역의 융합은 이미 수많은 창의성 관련 서적과 논문에서 가장 중요한 창조의 원천으로 지목되고 있는 요소다. 인류 역사상 최고의 창조적 혁신으로 꼽을 수 있는 세 가지 발명품으로 구텐베르크의 금속활자, 포드의 컨베이어 벨트 시스템, 애플의 아이폰을 꼽을 수 있다. 금속활자는 중세를 끝낸 위대한 혁신이었고, 포드의 컨베이어 벨트 시스템은 대량생산으로 대표되는 산업사회의 풍요를 낳은 원천이다. 아이폰은 모바일 세상을 연 위대한 혁신이다. 이 세 요소는 하늘 아래 완전히 새로운 무언가의 발견으로 만들어진 게 아니었다. 기존 기술들의 융합이었다.[43] 금속활자는 이미 존재했던 주화 제조 기술과 포도주 농장에서 광범위하게 활용되던 와인압착기 기술이 융합하면서 탄생했다. 포드의 컨베이어 벨트 시스템은 도축장에서 활용되던 분업 시스템이 자동차 공정에 접목되면서 만들어졌다. 아이폰은 컴퓨터와 카메라 mp3플레이어 등이 피처폰 기술과 결합하면서 세상을 바꿔놓았다. 난류와 한류가 교차하는 곳에 가장 물고기가 많이 잡히듯 여러 영역이 교차하는 곳에서 새로운 혁신이 일어난다. 메디치 가문의 지원으로 서로 다른 영역의 학자들이 교류하면서 지식의 교류와 융합이 일어나 르네상스가 가능했다는 점에서 '메디치 효과'라는 개념도 널리 활용되고 있다. '창조적 파괴creative destruction'를 경제발전의 가장 중요한 원천으로 꼽은 슘페터도 혁신이란 '기존 자원의 재결합recombination of existing resources'이라는 통찰을 남겼다. 창의성과 혁신을 조금이라도 고민해본 기업인들은 이질적인 요소의 융합을 통해 새로운 가치를 만들어낼 수 있다는 사실을 너무나 잘 알고 있다.

그렇다면 이런 의문이 생긴다. 혁신의 본질에 대해 수많은 경영자들이 알고 있는데, 왜 실제 성공적인 혁신은 매우 드물게 나타날까. 지식으로는 알고 있다 하더라도 현실에서 이질적인 요소를 결합하는 것에는 매우 큰 심리적, 현실적 장벽이 존재한다. BTS 사례가 이를 잘 보여준다.

카테고리의 위력과 융합의 어려움

사람은 카테고리적 사고를 한다. 우리는 뇌 속에 특정 카테고리를 형성하고, 이 틀에 맞춰 세상을 바라본다. 오늘 처음 만난 사람이라도 강남에서 태어났다는 정보를 들으면 우리는 그 사람의 가정환경이나 성격, 직업 등에 대한 나름의 추론과 판단을 쏟아낼 수 있다. 강남이라는 카테고리가 갖고 있는 전형적인 특징에 그가 부합할 것으로 생각하는 사람들이 매우 많다는 얘기다. 물론 이런 사고는 편견의 원천이 되기도 한다. 강남 출신 중에도 얼마나 많은 개성과 다양성이 존재하겠는가. 하지만 카테고리적 사고를 통해 우리는 빠른 판단을 하여 인지적 부담을 줄이려는 성향을 갖고 있다.

실제로 현실에서 카테고리의 위력은 대단하다. 주식시장에 대한 연구 결과, 업종별로 구분되어 있는 애널리스트의 전문 영역 분류에 포함되지 못해 카테고리 분류가 애매한 기업들은 다른 기업들에 비해 주가가 체계적으로 낮은 평가를 받은 것으로 나타났다.[44] 이른바 '카테고리 정당성categorical legitimacy'의 강력한 힘 덕분이다. 실제 대학교 교수 임용 과정에서 기존 학제 카테고리 중 하나에 확실하게 편입되는 경우가 임용 확률이 높다. 최신 융합 학문 분야여서 기존 카테고리에 포함되지 않거나, 두 가지 영역을 모두 포괄하는 전공을 한 학자들 가운데 임용에 어려움을 겪는 사례가 많다.

혁신의 필수 조건은 이질적인 요소의 융합이다. 하지만 이질적 요소가 들어오면 카테고리 정당성을 확보하기 어렵다. 따라서 이질적 요소의 융합은 매우 어려운 과제다. 두 가지 어려움이 있다.

첫째는 인지적 저항이다. 이질적 요소가 결합하면 특정 카테고리에 포함시키기 어렵기 때문에 사람들은 인지부조화로 인한 혼란을 겪게 된다. 하지만 방탄소년단이 힙합과 아이돌을 결합하겠다는 정체성을 표명했을 당시의 상황을 고려하면 이 아이디어는 비즈니스적으로 충분한 타당성을 갖고 있었다. BTS 데뷔를 준비할 당시 한국 음악 시장에서 아이돌은 가장 강력한 영향력을 행사하고 있었다. 또 이 시기에《쇼미더머니》같은 힙합 서바이벌 프로그램이 큰 영향력을 발휘하면서 한국 시장에서 힙합의 대중화도 급격하게 진행되고 있었다. 이런 상황에서도 힙합과 아이돌을 결

구분	힙합	아이돌
활동 방식	1인 위주	상호 보완적 역량을 가진 다수 멤버로 구성
주요 가치 요소	랩	노래, 춤, 랩, 외모 등 종합 패키지
음악의 포인트	비트와 가사	훅송(무의식적으로 반복되는 감각적 멜로디)
아티스트 양성	개인별 성장	기획사가 주도
가사 내용	개인의 경험과 성장사, 감정 등	사랑, 이별 등 대중적 주제
음악 제작	아티스트 본인이 주도	기획사가 유명 작곡가 곡 구매하거나 내부 전문 작곡가 활용
콘텐츠 지향점	현실	판타지
음악 공개 방식	공식 앨범, 믹스테잎	공식 앨범
춤	마이너한 요소이거나 브레이크댄스	화려한 칼군무
생활 방식	스웩	성실성, 팀워크

〈표1〉 힙합과 아이돌에 대한 통념

합한다는 콘셉트를 실제 실행에 옮긴 기획자는 많지 않았다. 힙합과 아이돌은 전혀 다른 카테고리로 속성이 너무나 달랐기 때문이다. 〈표1〉은 힙합과 아이돌에 대한 일반인의 통념을 정리한 것이다. 둘의 속성은 달라도 너무 다르다.

두 카테고리를 믹스하겠다는 생각을 한 기획자도 드물었을 뿐만 아니라 힙합 아이돌이란 개념에 대해 강하게 반발하는 대중들도 많았다. 힙합이란 카테고리의 전형적인 특성을 좋아했던 대중들은 상업적 목적으로 아이돌 그룹과 기획사들이 힙합의 정신을 왜곡해 활용하고 있다며 날선 비판을 가했다. 힙합을 하면서 칼군무의 화려한 퍼포먼스를 보여주는 건 진정한 힙합이 아니라고 생각한 것이다. 힙합 아이돌을 표방한 BTS나 블락비 같은 팀들 모두 전형적인 힙합 카테고리 정당성을 받아들였던 팬들의 비난으로 인해 어려움을 겪을 수밖에 없었다. 이질적 요소의 결합은 이런 강력한 반발에 자주 직면한다.

[그림 7] 카테고리 융합의 어려움

결국, 이질적인 요소의 결합은 발상 자체도 어렵고 고객이나 이해관계자의 비난도 감수해야 하는 심각한 도전 과제를 극복해야 한다. 결국, 이질적 요소의 결합이 성공하려면 비난을 돌파하겠다는 강력한 의지와 더불어, 비난을 하는 사람들까지도 수긍할 수 있을 정도의 실력을 필요로 한다. 이런 관점에서 대중이나 이해관계자들의 비난에 대해 새로운 시각을 갖는 것도 필요하다. 사실 비난은 부정적인 요소만 있는 것은 아니다. 장르 융합에 대한 비난이 강하게 제기되는 상황에서 음악적 완성도를 높이지 못하면 훨씬 더 큰 비난을 받을 수 있기 때문에 완성도를 높이기 위한 노력을 가져온다는 측면에서 긍정적인 영향도 있다.

세상의 모든 것들은 양면적 특징을 갖고 있다. 총 공사비 37조 원이 투입된 세계 최대 규모의 싼샤댐을 성공적으로 건설할 수 있었던 요인은 반대자들 때문이었다고 한다. 워낙 대규모 공사가 추진되고 있었기 때문에 문화재 보호, 환경 보호, 주민 이주 대책 등과 관련한 여러 이슈들이 제기되면서 수많은 반대자들이 나왔고, 이 프로젝트 책임자들은 이들의 반대와 비판, 비난을 의식할 수밖에 없었기 때문에 설계와 시공 단계에서 여러 문제들을 해결할 수 있었다.[45] 이처럼 이질적인 요소의 융합 과정에서 비판과 반대는 불가피한 것일 뿐만 아니라 이들의 의견을 경청하는 자세를 가지면 오히려 융합을 통한 가치 창출 작업이 보다 완성도 있게 이뤄질 수 있다는 관점의 전환이 필요하다.

두 번째 융합의 어려움은 어떤 융합요소를 선택할 것인가 하는 것이다. 힙합과 아이돌의 요소를 결합한다고 했을 때 양쪽에서 어떤 요소를 가져오느냐는 고객 가치에 직접적인 영향을 끼친다. 다양한 가치요소의 조합 과정에서 잘못된 방향으로 조합이 이뤄지면 고객가치 창출이 멀어질 수밖에 없다. 예를 들어, 필자가 제작에 참여하고 있는 DBR(동아비즈니스리뷰)는 학술지의 깊이 있는 지식 요소와 대중 매체의 쉽고 편한 가독성 요소를 결합해 새로운 시장을 만들었다. 만약 이런 가치 요소의 결합이 반대로 이뤄졌다면, 즉, 학술지의 난해한 서술 방식과 대중 매체의 현안 뉴스 중심의 접근이었다면 결코 좋은 성과를 내기 어려웠을 것이다.

〈표1〉에서 색깔로 표시된 부분이 힙합과 아이돌이라는 이질적 요소에서 방탄소년단이 선택한 가치 요소다. 여기서 만약 다른 선택을 했더라면 결과가 달라질 수 있었다. 앞서 설명한 자율성, 아티스트 본인이 음악 작업을 주도하면서 내면의 감정 표현을 중시한 것은 힙합에서는 보편적이었지만 아이돌 영역에서는 흔히 볼 수 없는 요소였다. 또 과감하게 멤버들이 주도권을 갖고 자신만의 음악 세계를 보다 자유롭게 펼칠 수 있도록 믹스테입 작업을 허용하고 뮤직비디오를 찍게 하는 등 적극적으로 지원했다. 대신 음악과 랩, 화려한 퍼포먼스, 아름다운 외모 등으로 대표되는 아이돌 특유의 종합 선물세트 제공 전략은 그대로 채용했다. 실제 방탄소년단 멤버들은 각자 10여곡이 수록된 정규 앨범 못지 않은 수준의 믹스테잎을 발매하면서 음악적 역량을 키워갔으며, 이를 기반으

로 아이돌의 핵심 가치 요소도 더욱 강화하는 계기를 마련할 수 있었다. 즉, 아이돌의 핵심 가치요소에 힙합이 갖고 있는 고유의 요소를 찾아내 효과적으로 결합했던 게 중요한 성공 요인 중 하나로 볼 수 있다는 얘기다. 고객 가치를 높일 수 있는 요소들의 결합이 이뤄지지 않으면 잘못된 조합으로 대중들의 외면을 받을 수 있다는 점이 융합의 또 다른 위험 요소다. 방탄소년단은 이질적 요소 가운데 고객 가치를 높일 수 있는 핵심 요인들을 효과적으로 결합하는 데 성공했다.

익숙함과 참신함의 결합

이질적인 요소의 효과적인 결합은 왜 가치를 창출할까. 이는 익숙함과 참신함의 결합과 관련이 있다. 마케팅 전문가인 조나 버거 미국 펜실베이니아대 와튼스쿨 교수는 《보이지 않는 영향력》[46]이란 저서를 통해 고객 만족도는 익숙함과 참신함의 중간 수준에서 가장 높아진다고 강조했다. 즉, 너무 익숙한 것이나 너무 참신한 것보다는 익숙하기도 한데 참신성도 갖춘 경우 가장 높은 만족도를 보인다는 것이다.

익숙한 것과 참신한 것은 모두 고유의 고객 가치를 갖추고 있다. 우선 익숙한 것은 애착을 불러일으킨다. 일상생활에서 낯선 사람과 식사하는 것보다는 이미 충분히 익숙한 친구와 식사하는 걸 선호하는 사람이 많다. 익숙함은 편안함과 친숙함, 안락함 등의 가치를 제공하기 때문이다. 하지만 익숙함에는 덫도 있다. 시간이 지날수록 질림 현상이 나타난다. 친한 친구도 너무 자주 만나면 비슷한 얘기가 반복돼 흥미나 재미가 떨어진다.

참신함도 상당한 매력이 있다. 소위 '쿨리지 효과'가 이를 잘 설명한다. 미국 30대 대통령 캘빈 쿨리지 내외가 닭 사육 농장에 방문했을 때 생긴 일화 때문에 만들어진 개념이다. 이 농장에서 사육사가 영부인에게 닭들은 하루 열 번도 넘게 짝짓기를 한다고 얘기했고 영부인은 이를 대통령에게 전하라고 했다. 대통령은 이 말을 듣고 닭이 매번 같은 짝과 짝짓기를 하는지 물었고, 사육사는 매번 다른 짝과 짝짓기를 한다고 대답했다. 이에 대통령은 이 사실을 영부인에게 전하라고 하면서 쿨리지 효과라는 말이 만들어졌다. 익숙함의 단점인 질림 현상을 막아주는 요소가 바로 참신함이다. 새로운 것을 대할 때 사람들은 의외성으로 인한 호기심과 관심을 갖게 되며 익숙함이 주지 못하는 자극도 받을 수 있다. 물론 참신함의 도가 지나치면 정서적 거부감을 유발할 수도 있다. 실제로 문화적 거리가 먼 나라의 관행이나 풍습에 대해 거부감이 생기는 경우가 있는데 이는 참신함의 정도가 너무 강해진데 따른 부작용으로 볼 수 있다.

그래서 조나 버거 교수는 '최적 독특성'이란 개념을 제안한다. 익숙하면서도 뭔가 새로운 요소를 갖추고 있으면 고객들의 만족도가 가장 높아진다는 것이다. 버거 교수는 사람들이 정말 많은 고민을 해서 결정하는 신생아 이름에 대한 연구 결과를 토대로 최적 독특성의 개념을 설명한다. 미국에서 신생아 이름을 분석해보니 태풍 카트리나가 미국 전역에 큰 피해를 입혔던 해에는 카트리나로 이름을 지어준 부모가 예년보다 40%나 줄었다고 한다. 이는 태풍 카트리나가 워낙 큰 피해를 입히면서 부정적 이미지를 형성했기 때문으로 풀이된다. 충분히 예상 가능한 대목이다. 하지만 보다 흥미로운 점은, 이 해에 카트리나와 같은 K로 시작하는 이름이 예년보다 크게 늘어났다. 실제로 킬리는 25%, 케일린은 55%나 증가했다고 한다. 카트리나가 미디어에 자주 노출되자 카트리나와 유사한 K로 시작하지만, 카트리나와는 다른 케일린 같은 이름이 최적 독특성을 갖게 돼 고객들의 만족도와 선호도를 크게 높인 것으로 볼 수 있다. 또 다른 연구에서도 너무 흔한 이름(스미스, 브라운)이나 너무 낯선 이름(넬, 보들)보다는 익숙하지만 독특성이 있는 이름(셸리, 캐셀)에 대한 선호도가 가장 높았다.

실제로 다양한 영역에서 익숙함과 참신함의 적정한 조합은 최고의 고객 만족도를 가져왔다. 넷플릭스가 시가총액으로 디즈니를 제치고 세계 최고의 콘텐츠 회사로 성장할 수 있었던 요인 중 하나로 추천 엔진을 꼽을 수 있다. 넷플릭스 추천 엔진의 핵심 특징은 고객의 취향을 파악해 최적의 영화를 추천해주는 데 있다. 그런데 넷플릭스 엔진은 고객의 취향을 단순히 추종하는 데 그치지 않는다. 액션 영화를 좋아하는 사람에게 매번 비슷한 유형의 액션 영화만 추천해주면 얼마 지나지 않아 질림 현상이 나타나 고객 만족도가 떨어질 수 있기 때문이다. 넷플릭스 추천 엔진의 핵심 경쟁력은 고객의 취향에 부합하면서도 다소 도전적이면서 참신한 경험을 할 수 있는 영화를 추천해줬다는 점이다.

방탄소년단은 카테고리적 사고를 하는 사람들의 관행에 정면 도전하면서 힙합과 아이돌 그룹의 장점을 효과적으로 결합했다. 이를 통해 아이돌에 익숙한 고객에게 참신함을, 힙합만 좋아했던 고객에게 새로운 경험을 제공했다. 아이돌과 힙합이란 두 영역의 결합을 통해 최적 독특성을 확보했다고 볼 수 있다.

하지만 방탄소년단의 융합은 여기서 그치지 않았다. 처음에는 아이돌과 힙합의 융합이 적정한 참신성을 갖고 있었지만, 이 역시 시간이 지나면서 익숙함으로 인한 질림 현상을 유발할 수 있다. 방탄소년단은 고객 가치를 창출할 수 있는 요소들을 지속적으로 발굴하고 음악에 결합하는 시도를 꾸준히 이어갔다. 그러다보니 시간이 지나면서 힙합아이돌이란 초기의 정체성은 옅어졌고 대신 다양한 장르의 음악을 제작, 소화하는 아티스트와 아이돌의 융합적 정체성을 더욱 굳히고 있다.

장르의 경계를 허무는 융합

BTS의 융합 영역은 지나치다 싶을 정도로 방대하다. 인문학은 물론이고 물리학, 화학, 영화, 미술, 문학 등 학문의 거의 모든 영역을 포괄한다는 생각이 들 정도다. 앞서 소개한 싱귤래리티는 과학과 IT분야에서 가져온 개념이다. 또 2018년 5월 발매된 앨범에 수록된 곡 〈134340〉은 명왕성에서 영감을 얻었다. 명왕성은 한때 지구와 같은 태양계 내 행성으로 분류됐다. 하지만 명왕성 궤도 밖에서 명왕성보다 더 큰 천체가 발견됐다. 또 명왕성은 위성을 자기중력으로 지배하지 못하는 등 행성으로서의 자격을 갖추지 못했다는 여러 지적들이 제기됐다. 결국 명왕성은 태양계 내의 행성 지위를 박탈당하면서 134340이란 이름이 붙여졌다. 명왕성은 계속 돌고 있었을 뿐인데 갑자기 지위가 박탈된 것에서 영감을 얻어 사랑하는 사람으로부터 돌연 이름과 지위를 빼앗긴 상황을 연결시켜 참신한 가사를 만들어냈다. 태양계 내의 행성 대부분은 유럽인들이 발견했고, 미국인이 발견한 유일한 행성이 명왕성이었다고 한다. 실제 명왕성의 위성 지위 박탈에 반대하는 운동을 벌였을 정도로 미국인들은 명왕성에 대한 애착을 갖고 있다. 미국인 평론가들과 팬들 사이에서 이 노래가 주목받은 것은 이런 배경과 관련이 있는 것으로 풀이된다.

BTS의 대표곡인 〈피 땀 눈물〉의 뮤직비디오에는 미술작품이 등장한다. 허버트 제임스 드레이퍼의 '이카루스를 위한 탄식', 피테르 브뤼겔의 '이카루스의 추락', 미켈란젤로의 '피에타' 같은 거장들의 그림과 그리스 신화의 영웅 페르세우스 동상, 대지의 여신 데메테르 동상이 등장한다. 단순히 화면을 채우기 위해서 이런 작품을 등장시킨 게 아니다. 이들 작품들은 방탄소년단 앨범 시리즈의 전체 스토리라인과 유기적으로 연결되어 있으며 상징성도 매우 높다. 따라서 각 작품이 전체 스토리라인에서 무엇을 상징하는지를 팬들이 스스로 고민해서 해설해주는 영상이 유튜브에서 인기를 모으기도 했다.

영화에서 모티브를 얻은 부분도 대단히 많다. 2014년과 2015년에 연작 시리즈로 발표된 앨범의 제목은 화양연화다. 잘 알려져 있듯이《화양연화》는 왕가위 감독이 만든 영화의 제목이다. 화양연화는 인생에서 가장 아름다운 순간을 의미하지만 기존 도덕률과 갈등하는 주인공들의 모습을 묘사하는 개념과도 맞닿아 있다. 가장 아름다운 시절을 살아가고 있지만 고뇌와 번민이 많은 청춘들의 상황과 연결되는 개념이다. 또 〈Pied Piper〉는 박찬욱 감독의 영화《아가씨》에서, 팬들에게 선물하기 위해 무료로 공개한 노래 〈4시〉는 영화《문라이트》에서 모티브를 얻었다고 알려졌다. 〈MIC Drop〉이외에도 수많은 사회현상들이 방탄소년단의 음악에 들어왔다. 버락 오바마 전 미국 대통령은 임기 중 마지막으로 열린 출입기자단과의 만찬에서 'Obama Out'이란 말과 함께 마이크를 가슴 높이에서 바닥으로 떨어뜨리는 퍼포먼스를 연출했다. 이는 마이크 드롭mic drop으로 불리는데, 예술가들이 공연을 끝낸 뒤 퍼포먼스가 잘 마무리됐다는 의미에서 하는 행동이다. 여기서 영감을 받아 방탄소년단은 〈MIC Drop〉이란 노래를 만들었다. 또 BTS의 2017년 리패키지 앨범의 제목은《You Never Walk Alone》이었다. 이는 1940년대 뮤지컬《회전목마》에 나오는 노래이며, 영국 프리

미어 리그의 명문 구단 리버풀의 응원가로도 쓰인 〈You'll Never Walk Alone〉과도 연결된다.

방탄소년단은 문학 서적을 자주 읽고 여기서 영감을 받아 음악 활동을 하는 '문학 아티스트'로도 유명하다. 2016년 발매된 WINGS 앨범의 전반적인 콘셉트는 헤르만 헤세의 소설 데미안에서 받은 영감을 토대로 만들어졌다. 앨범 소개 영상에 방탄소년단의 리더 RM은 데미안 속의 한 구절을 낭독하기도 했다. 이런 사실이 팬들 사이에 알려진 후 데미안의 판매량이 급증해 '팬덤셀러(팬덤에 기반한 베스트셀러)'라는 신조어가 만들어지기도 했다.

2018년 발매된 앨범의 수록곡 〈Magic Shop〉은 소설 《닥터 도티의 삶을 바꾸는 마술가게》에서 영감을 얻었다. 이 역시 팬들에게 알려지면서 이 책의 판매량이 그 이전 주에 비해 500배 이상 증가했다고 한다. 책의 저자인 제임스 도티 교수는 트위터를 통해 자신의 책에서 영감을 얻어준 방탄소년단에 감사한다는 메시지를 남기기도 했다.

〈피 땀 눈물〉 뮤직비디오에는 니체의 명언 '자기 안의 카오스를 지녀야 춤추는 별 하나를 낳을 수 있다'가 독일어로 벽에 새겨져 있는 장면이 나온다. 이 역시 독일 팬들을 위한 서비스 차원의 접근이 아니다. 노래를 통해 전하고자 하는 전체적인 메시지를 니체의 철학 사상과 연계하기 위한 노력에서 나온 것이다. 2017년 발매한 앨범에 실린 〈Serendipity〉는 김춘수 시인의 〈꽃〉에서 영감을 얻었다는 걸 쉽게 알 수 있는 가사가 등장한다. 또 LOVE YOURSELF 承

'Her' 앨범에는 오즈의 마법사가 차용된 것으로 알려졌다. 이런 다양한 영역에서의 융합 시도는 계속 이어지고 있다. 실제 방시혁 대표는 화학, 과학 분야의 책을 추천해달라는 트윗을 날리기도 했다.

교양 프로그램에서 문학이나 철학에 대한 이야기를 들으면 많은 사람들은 익숙함을 느낀다. 하지만 아이돌 음악에서 이런 부분을 기대하는 사람은 많지 않다. 아이돌 음악과 문학, 철학 등이 잘 연결되지 않는 다른 카테고리라고 생각하기 때문이다. 하지만 두 영역이 연결되면서 익숙함과 참신함이 공존하게 된다. 아이돌 음악, 문학과 철학 등은 각자 독자적으로 많은 사람들에게 전형적인 카테고리가 주는 익숙함으로 어필하고 있다. 하지만 여러 영역이 결합하면 낯선 느낌을 주면서 사람들의 관심attention을 더 많이 끌수 있는 잠재력을 갖게 된다. 왜 어울리지 않는 두 요소가 결합했는지에 대한 호기심과 흥미를 유발할 수 있다. 또 다양한 해석도 해볼 수 있다. 이질적인 요소의 결합은 최적 독특성을 만들어내면서 전형적인 카테고리 안에서 최선을 다한 평범한 제품을 압도할수 있는 잠재력을 갖게 된다.

트렌드 반영한 음악 장르의 융합

앞서 설명한 대로 방탄소년단은 초기에 힙합과 아이돌을 결합했다. 하지만 이런 결합은 불변의 원칙이 아니었다. 고객들의 선호도, 시장의 동향에 따라 얼마든지 변할 수 있는 요소다. 그래서 힙합 분위기의 음악도 많이 만들고 있지만 다른 장르의 요소들 역시 꾸준히 접목하고 있다.

실제 한국 유명 작곡가들은 방탄소년단이 시장에서 선호도가 높은 음악 장르들을 절묘하게 결합하면서 특유의 색깔을 만들어냈다고 분석한다. 유명 작곡가인 신사동호랭이는 연합뉴스와의 인터뷰를 통해 "유럽과 일본 작곡가들을 만나면 방탄소년단 음악을 듣고 '어떻게 이런 장르를 섞었지?'라고 놀라워한다"며 "한 곡 안에서 힙합을 베이스로 두고 트랩 퓨처베이스 등을 섞고 여기에 서정적인 멜로디도 가미한다"고 말했다.[47]

방탄소년단이 해외에서 좋은 반응을 얻을 수 있었던 계기로 2015년 6월 게시된 〈쩔어〉 뮤직비디오를 빼놓을 수 없다. 이 뮤직비디오는 3억2000만 건 이상의 조회수를 기록하고 있다. 해외에서 이 곡이 반응을 얻을 수 있었던 이유 중 하나로 일렉트로닉EDM과 힙합 장르를 효과적으로 융합했기 때문이라는 분석이 나온다. 당시 글로벌 음악 시장에서 일렉트로닉이 대세로 자리 잡으면서 힙합적 특징을 가진 자신들의 음악에 EDM 요소를 적절히 결합해 글로벌 트렌드에 부합하는 음악을 만들어 성공확률을 높였다.

2015년 이후 방탄소년단은 글로벌 음악 트렌드를 보다 적극적으로 반영했다. 2015년 발표된 〈Save ME〉 역시 세계적으로 유행을 막 시작하던 일렉트로닉 음악의 하위 장르로 꼽히는 트로피컬 하우스 요소를 갖고 있는 노래다. 이 뮤직비디오는 2억4000만뷰를 기록했다. 트로피컬 하우스는 재즈와 일렉트로닉의 요소를 결합한 장르로 열대 지역의 느낌을 나게 해주는 악기와 라틴 계열의 리듬 악기가 결합해 음악 청취자들에게 청량감이나 시원한 기분을 들게 해준다. 트로피컬 하우스 장르는 이후 꾸준히 인기를 끌면서 2017년 에드 시런의 'Shape of You' 같은 전 세계적인 메가 히트곡을 만들기도 했다. 이런 트렌드 변화를 선제적으로 감지하면서 방탄소년단이 내놓은 〈Save ME〉는 팬들 사이에서 '숨겨진 명곡'으로 유명하다. 많은 팬들은 이 노래가 다시 타이틀곡으로 나와 대중들에게 재조명될 필요가 있다고 주장할 정도로 애정을 갖고 있다.

유튜브 조회수 3억뷰를 넘긴 BTS의 대표곡 중 하나인 〈피 땀 눈물〉은 레게와 EDM 요소에 전 세계를 강타한 뭄바톤과 무겁고 중후하게 반복되는 비트인 트랩의 요소를 결합해 독특하고 몽환적인 분위기를 연출했다. 이전 강력한 율동에 어울리는 강한 음악 중심에서 또 한 번 새로운 변신을 시도했다는 평가를 받은 노래다. 이 노래는 특히 높은 음악적 완성도를 인정받아 2018년 빌보드가 전문가와 함께 선정한 방탄소년단 음악 베스트 50BTS' s 50 Best Songs: Critics' Picks에서 1위를 차지하기도 했다.

2017년 9월에 발표된 〈DNA〉는 강력한 EDM 음악이면서 동시에 독특한 반주로 코러스 부분을 강조한 색다른 시도를 이어갔다. 노래가 없는 소위 '드랍 파트' 부분에서 강력한 반주가 분위기를 주도하면서 간주 부분에서 쉬어가는 인상을 주는 일반적인 대중음악과 달리 노래 전체가 빽빽하게 꽉 찬 느낌을 준다. 특히 이 노래 뮤직비디오는 안무와 사운드 구성의 싱크로율이 극도로 높아 영상으로 다시 한번 퍼포먼스 완성도를 높였다는 평가를 받았다.

외부와의 독특한 협업 구조

빅히트는 트렌디한 음악을 담아내기 위해 자체적으로 노력했을 뿐만 아니라 글로벌 음악 트렌드를 선도하는 예술가들과의 협업도 적극 추진했다. 실제 2018년 5월 발매된 LOVE YOURSELF 轉 'TEAR' 앨범에서는 2017년 미국을 뒤흔든 카밀라 카베요의 노래 'Havana'를 작곡한 알리 탐포시와 2017년 최고 인기곡 가운데 하나인 '데스파시토'의 믹싱 엔지니어인 제이슨 조슈아 등과 손잡고 〈Airplane pt.2〉란 노래를 만들어 수록했다. 실제 이 노래는 라틴 음악의 느낌을 갖고 있어서인지 미주지역에서 좋은 반응을 얻었다. 이전에도 방탄소년단은 비욘세와 함께 작업한 DJ스위블, 비욘세 및 리아나와 작업한 경험이 있는 트리키 스튜어트, 에밀리 산데 등과 작업한 샘 클렘프너 등 대중음악계에서 상당한 영향력을 행사한 프로듀서들과 함께 곡을 만들었다.

끊임없이 변화하고 있는 최신 음악 트렌드를 반영하기 위해 방대표와 피독 프로듀서, 그리고 BTS 멤버들은 각별한 노력을 기울이고 있다. 이들은 엄청난 분량의 음반을 구입해 들으면서 현재와 미래의 시장 트렌드를 면밀하게 분석하고 이를 음악 작업에 반영하고 있다. 하지만 무조건 트렌드를 추종하는 것이 아니다. 자신들의 정체성을 기반으로 최신 트렌드를 자신만의 방식으로 해석해 녹여내고 있다. 방탄소년단은 춤과 노래, 퍼포먼스, 뮤직비디오라는 종합 선물세트와 같은 종합예술을 선보여 고객 가치를 창출하고 있다. 이를 위해 방탄소년단 특유의 뛰어난 군무와 무대에 적합한 리듬, 그리고 카메라까지 고려한 무대연출 등을 깊이 고민하면서 완성도 높은 공연을 연출하고 있다.

또 독자적인 노력만으로 트렌드를 수용하는 데 한계가 있을 수 있기 때문에 외부 아티스트와 협업해서 최신 트렌드를 반영한 노래를 만드는 데도 적극적이다. 외부 아티스트들과 작업할 때 보통은 그들의 유명세에 의존해서 이들이 전적으로 만든 노래를 그대로 사용하곤 한다. 해외 프로듀서들에게 최대한 비용대비 효과를 얻기 위해 하루에 서너 곡을 만들어달라고 요청하는 회사도 있다. 유명 작곡가의 노래를 받아서 그대로 사용하는 경우도 많다.

하지만 빅히트는 이렇게 하지 않았다. 빅히트는 해외 작곡가들과 끊임없이 피드백을 주고받으며 BTS의 정체성에 부합하면서 트렌드를 선도할 수 있는 노래를 만들어갔다. 실제 BTS와 작업한 해외 아티스트들이 피드백을 주고받으며 음악을 만들었던 경험이 미국 전문 음악 잡지 '롤링 스톤'에 공개됐다.[48]

예를 들어 유명 작곡가 알리 탐포시와 작업할 때 빅히트측은 처음에 아무런 존재감이 없었지만 지금은 비행기를 타고 전 세계를 누비고 다니는 방탄소년단의 현재 상황을 음악적으로 표현하고 싶다는 뜻을 전달했다. 알리 탐포시는 이를 반영하기 위해 다른 프로듀서와 협업하며 원격에서 계속 빅히트와 소통하며 곡을 다듬어갔다. 빅히트의 요청을 받아들여 멜로디를 작성해서 보내주면, 빅히트측은 때로는 한 시간 이내에 이에 대한 재수정 요청을 할 정도로 빠르게 피드백 해줬다. 해외 프로듀서들은 빅히트 프로듀서와 아티스트들이 잠도 자지 않고 음악 작업을 한다는 느낌을 받았을 정도였다. 실제 빅히트는 음악 작업을 할 때에는 아주 특별한 예외적 상황을 제외하고는 외부 활동을 일절 하지 않는다는 원칙을 고수하고 있다. 음반작업을 할 때 외부 활동을 하지 않으면 당장은 수익 기회를 놓칠 수 있다. 하지만 보다 좋은 음악, 트렌드를 선도할 수 있는 음악을 만들지 않으면 지속가능한 성장을 할 수 없다는 판단에서 손해를 감수하면서도 음반 작업을 할 때에는 방탄소년단은 한 달 동안 스케줄을 비운다고 한다. 이 기간에는 오직 음악작업에만 매달린다.

외부 프로듀서와 긴밀하게 피드백을 주고받으며 집중적으로 음반 작업을 하면 여러 가지 이점을 얻을 수 있다. 우선, 단순히 유명 작곡가의 곡을 받는 데 그치지 않고, 방탄소년단만의 고유한 관점이 투영된 개성 있는 노래를 만들어 팬들에게 들려줄 수 있다. 아이돌 기반의 화려한 군무와 퍼포먼스, 자신만의 스토리 라인 등 고유의 개성을 유지하면서 외부의 새로운 트렌드를 흡수할 수 있다. 고유의 정체성을 유지하면서 새로운 트렌드를 흡수하려는 노력은 방탄소년단의 캐릭터 사업에서도 그대로 드러난다. 빅히트는 네이버의 라인프렌즈와 협력해 방탄소년단 캐릭터를 출시했다. 그런데 전문 디자이너에게 캐릭터 제작을 맡기지 않았다. 방탄소년단 멤버들이 직접 참여해 캐릭터를 개발했다. 캐릭터라는 음악활동과 다른 전혀 새로운 영역에서도 방탄소년단 멤버 고유의 정체성이 반영되도록 유도한 것이다. 이런 과정을 통해 'BT21'이라는 캐릭터가 개발되었으며 개발 과정도 고스란히 리얼리티 프로그램으로 제작해 마케팅 효과를 극대화했다.

라인프렌즈샵을 통해 판매된 BT21은 서울, 뉴욕, 도쿄 등지에서 큰 인기를 모았다. 많은 팬들은 BT21 캐릭터 상품을 구매하기 위해 밤새워 수백 미터의 줄을 서는 진풍경을 연출하기도 했다. BT21은 네이버에서 이모티콘으로도 제공되어 큰 인기를 얻었다.

외부 전문가와의 협력을 통해 얻을 수 있는 또 다른 이점은 학습을 통한 내부 인재 육성이다. 세계적인 프로듀서와 피드백을 주고받는 과정에서 최신 트렌드에 대한 이해와 다양한 장르 간 융합 경험이 축적되고 작업 스타일 및 제작 프로세스 등에 대한 학습효과도 거둘 수 있다. 이들과 다양한 교류를 통해 세계적 작곡가나 프로듀서와 비교하면서 장점과 단점을 파악해 역량 강화 전략을 수립하고 실행할 수 있다는 점도 무시할 수 없는 대목이다.

방시혁 대표와 피독, RM 세 명만이 참여해 내부 역량으로 만든 〈Fake Love〉 같은 곡은 빌보드 핫100 차트 10위에 랭크되는 등 탁월한 성적을 거두었다. 이렇듯 기본적으로 내부 역량이 탁월한데도 외부와의 협업을 통한 지식과 역량 이전, 학습능력 강화 등을 지속적으로 추진하여 내부 역량은 더욱 커졌고 이를 통해 글로벌 시장에서 두드러진 성과를 거둘 수 있었다.

기업 경영 관점에서도 빅히트의 이런 외부 자원 활용법은 적지 않은 시사점을 제공한다. 기업에서는 외부 자원을 활용하기 위해 다양한 방법을 모색하고 있다. 외부 조직과 함께 가치를 창출하기 위해 전략적 제휴strategic alliance를 맺기도 하고 외부 기업과 함께 지분을 투자해 조인트 벤처joint venture를 설립하기도 한다. 아주 매력적인 자원을 갖고 있는 기업이라고 판단되면 아예 내부화하는 인수합병M&A을 단행하기도 한다. 대체로 이런 의사결정을 할 때 많은 기업들은 '보완적 역량complementary competence'에 주목한다. 예를 들어 우리 기업은 기술력이 좋은데 유통/마케팅 능력이 취약하다면 이런 역량을 가진 회사와 협력하는 방식이다. 탁월한 콘텐츠 제작 능력을 갖고 있지만 마케팅 능력이 취약한 픽사를 훌륭한 배급/마케팅 역량을 가진 디즈니가 인수한 게 대표적인 사례다. 만약 우리 기업이 한국 시장에서는 영업을 잘 하는데 중국 시장은 진출 경험이 전무하다면 중국 현지 업체와 제휴를 맺거나 M&A를 할 수 있다. 한국 게임 업체 스마일게이트가 중국 시장에서 큰 영향력을 갖고 있는 텐센트와 협력해 중국에서 게임을 서비스하는 게 대표적인 사례다. 이처럼 보완적 역량을 갖고 있느냐는 외부와의 협업에서 결정적으로 중요한 요소다. 우리 기업과 유사성이 높은 역량을 가진 기업이라면 굳이 협력을 해봐야 얻을 게 많지 않다. 물론 비슷한 역량을 가진 기업이 결합해 구조조정을 통해 비용을 줄이고 시장점유율을 높이는 방법이 있기는 하다. 하지만 이는 혁신을 추구하는 방법이라고 보기는 어렵다. 지금처럼 혁신 경쟁이 벌어지는 상황에서 이런 전략의 기대 효과는 제한적일 수밖에 없다.

그런데 협업에서 보완적인 역량 확보 외에 또 하나 반드시 중요하게 고려해야 할 요소가 있다. 바로 우리가 무엇을 어떻게 배울 수 있느냐다. 학습은 조직의 성장에서 가장 중요한 요소다. 당장 아주 매력적이면서 동시에 우리가 갖지 못한 보완적 역량이나 자원을 보유했다 하더라도 배울 게 뭔지 잘 모르면 협력으로 인한 효과가 제한될 수밖에 없다. STX조선해양이 크루즈 선박을 주로 만드는 아커야즈를 인수한 사례가 이를 잘 보여준다. 보안적 역량이란 측면에서는 이 둘의 결합은 완벽한 시너지를 창출할 수 있을 것 같았다. STX조선해양은 유조선이나 화물운반선 같은 표준화된 제품을 만들고 있었다. 아커야즈는 매번 만들 때마다 고객의 요구에 맞춰 다르게 제작해야 하는 고가의 크루즈선을 만드는 회사다. 따라서 역량이나 제품 측면에서 상호보완성이 매우 높다고 볼 수 있다. 여기까지 놓고 보면 M&A 대상은 잘 골랐다고 평가할 수 있는 대목이다. 하지만 STX는 법정관리 상태고 아커야즈는 시장에 매물로 나왔다. 왜 이런 일이 생겼을까.

안준모 서강대 교수는 DBR(동아비즈니스리뷰)를 통해 실패 원인 중 하나로 학습에 대한 전략 부재를 꼽았다.[49] STX는 아커야즈를 통해 크루즈선 건조 기술을 확보하려 했다. 하지만 엄밀한 의미에서 아커야즈가 갖고 있는 핵심 기술은 건조 분야가 아니었다고 한다. 크루주선의 경우 유조선이나 화물선과 달리 고객들의 요구가 매우 다르다. 따라서 발주가 들어오면 고객들의 전혀 새로운 요구에 맞춰 전 세계에 존재하는 광범위한 업체들과 함께 작업하면서 배를 만들어갔다. 건조기술이 아닌 고객의 요구에 맞게 전 세계 업체들과 협력 네트워크를 관리하고 함께 작업하는 노하우가 아커야즈의 핵심 역량이었던 것이다. 그럼에도 STX는 아커야즈의 네트워크 관리 기술이나 노하우를 결합해 활용할 수 있는 학습 전략을 제대로 마련하지 못했다. 결국 두 업체가 누릴 수 있는 시너지 효과는 많지 않았다. 여기에 조선 산업 분야의 경기 침체까지 겹쳐 두 회사 모두 큰 어려움을 겪었다.

대중문화처럼 트렌드가 빨리 변하는 업종에서는 외부의 역량을 유연하게 받아들일 수 있는 다양한 노력을 기울여야 한다. 특히 급변하는 시장 동향을 실시간으로 파악하기 위해 노력해야 하며, 또 이를 단순히 추종하지만 말고 내 정체성에 맞게 재해석해서 받아들이려는 노력을 기울여야 한다. 외부와 협력을 할 때도 마찬가지다. 외부의 개인이나 조직과 협업할 때 전적으로 외부에 맡기기보다 나의 정체성을 강화하는 방향으로 지속적으로 소통하고 요구할 것은 요구해야 한다. 이 모든 과정은 자신을 더욱 성장시킬 수 있는 학습이라는 관점에서 이뤄져야 한다. 방탄소년단은 이런 점에서 좋은 시사점을 준다.

▶ 이질적 요소의 결합은 혁신의 원천이다. 하지만 다른 요소와의 융합을 추진하면 카테고리 정당성을 확보하지 못해 대중들의 비난을 받을 확률도 높아진다. 그런데 이런 비난은 제품의 완성도를 높일 수 있다는 긍정적 측면도 있다. 혁신은 융합이 필수적이고 융합은 비난을 불러오지만 비난 덕분에 발전할 수 있다는 생각의 전환이 필요하다.

▶ 익숙함은 편안함을, 참신함은 새로운 흥분을 제공한다. 하지만 두 요소 모두 위험이 있다. 너무 익숙해지면 지루함이 생긴다. 반대로 너무 참신하면 거부감이 생긴다. 최고의 고객 가치는 익숙함과 참신함의 중간쯤에서 창출된다. 즉, 익숙함과 참신함을 모두 간직하고 있는 융합이 최고의 고객가치를 창출한다.

▶ 융합의 대상이 되는 영감의 원천은 무한하다. 아이돌 그룹이 순수예술은 물론이고 과학이나 철학, 문학에서 굳이 영감을 받을 필요는 없어 보이지만 방탄소년단은 끊임없이 이런 영역에서 영감을 받아 음악에 반영했고 이는 적정 수준의 익숙함과 참신함을 갖춰 고객 가치를 향상시켰다.

▶ 새로운 음악 트렌드를 반영하기 위해 트렌드를 파악하는 것도 중요하지만, 가장 좋은 방법은 트렌드를 주도하는 사람들과 직접적으로 협업하는 것이다. 방탄소년단은 글로벌 시장에서 엄청난 성과를 낸 최고의 작곡가들과 협업을 진행했다. 그런데 학습의 관점을 잃지 않았다. 단순 외주가 아니라 이들과 상호작용하면서 자신의 스타일에 기초해 새로운 트렌드를 내재화시켰다. 외부와의 협업에서 가장 중요한 목표는 학습을 통한 내부 역량 강화가 돼야 한다.

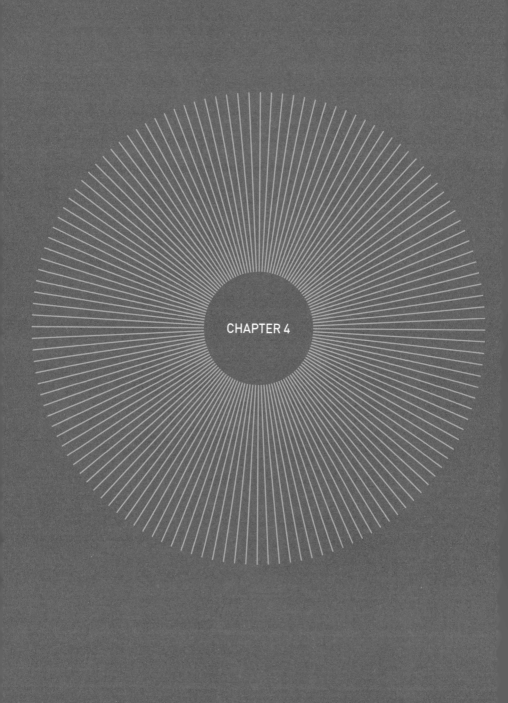

CHAPTER 4

셀프메이킹 신화

제품에 생명력을 불어넣는 스토리

사람들은 어떤 과정을 거쳐 의사결정을 하게 될까. 상식적으로 생각해보면 선택 가능한 대안을 놓고 그 장단점을 체계적으로 검토해 자신에게 최고의 이익을 주는 대안을 고를 것 같다. 기업이 소비자들에게 제품을 팔고 싶다면, 소비자들이 중시하는 제품의 특징별로 자사 제품이 경쟁 제품보다 낫다는 점을 조목조목 잘 설명하면 될 것 같다. 예를 들어 스마트폰이라면 통화 품질, 카메라 성능, 정보처리 용량과 속도, 데이터 저장용량, 배터리 지속 시간, 충전 속도 등을 최고 수준으로 가져가면서 경쟁력 있는 가격을 설정하면 잘 팔릴 것 같다.

하지만 현실에서 스마트폰 시장을 잘 분석해보면 꼭 기능별 우수성에 따라 판매량의 우열이 결정되는 것은 아니라는 것을 금방 알 수 있다. 실제 한 스마트폰 제조사는 객관적인 성능과 관련한 데이터로는 분명히 경쟁자를 압도한다. 하지만 판매량은 경쟁사에 비해 지속적으로 저조한 수준을 보였다. 나이키와 아이디스는 세품의 경쟁력이란 측면에서만 놓고 보면 우열을 가리기 쉽지 않다. 어쩌면 아디다스가 오랜 역사와 기술력을 축적했기 때문에 제품의 경쟁력이란 측면에서는 우위에 있을지도 모른다. 하지만 브랜드 가치는 나이키가 아디다스를 압도한다. 제품은 단순한 성능의 합이 아니다. 그 이상의 무언가가 필요하다.

이런 현상을 이해하는 데 실마리를 제공해주는 연구[50]가 있다. 한 연구팀은 실험 참가자들에게 판사의 역할을 맡아 특정 사건에 대해 판결을 내리도록 했다. 똑같은 정보를 한 집단에게는 스토리 형태로 제공했다. 즉, 범죄가 발생한 배경이 되는 사건을 설명하고, 뒤이어 실제 범죄 내용을 설명한 뒤 범죄 이후 발생한 상황을 보여주는 방식으로 한 편의 스토리를 보는 것처럼 정보를 구성해서 노출시켰다. 반면 다른 집단에는 똑같은 정보지만 특정한 스토리와 같은 플롯 구성을 하지 않고 목격자가 파악한 정보를 산발적으로 전달했다. 두 집단에게 제공된 내용은 완벽하게 똑같은 것이었다. 하지만 스토리 형태로 구성된 정보를 본 사람들이 자신의 판결에 대해 훨씬 강한 확신을 가졌다.

이 연구에 영감을 받은 경영학 연구자들이 소비재 구매 상황에서 실험을 실시했다.[51] 미국 일리노이대 어바나 샴페인 연구팀은 스토리 형태로 구성된 것과 그렇지 않은 여행 브로셔를 실험 참가자들에게 보여주면서 선호도를 측정해봤다. 역시 여행지의 특징을 안내하는 정보는 완전히 똑같은 내용이었다. 다만, 구성 방식만 달랐다. 스토리 방식으로 구성한 브로셔는 '인도의 수도 델리에 도착해서 가장 아름다운 건축물로 꼽히는 타지마할을 관람하고 다음날에는...' 형태로 구성되었다. 반면 같은 정보를 파워포인트에서 자주 등장하는 리스트 형태로 스토리 없이 구성한 브로슈어를 제작해 일부 실험 참가자들에게 보여줬다. 연구 결과, 스토리 형태로 구성된 브로슈어에 대한 선호도가 훨씬 높게 나타났다.

더욱 흥미로운 점도 발견됐다. 두 브로슈어는 모두 인도 여행에서 잠자리가 불편할 수 있다는 내용 같이 소비자들에게 부정적 영향을 줄 수 있는 콘텐츠도 포함하고 있었다. 하지만 이런 불리한 내용이 주는 부정적 영향이 스토리 형태로 구성된 브로슈어를 읽은 참가자들에게는 훨씬 덜했다. 즉, 스토리 형태로 정보를 받아본 사람들은 불리한 정보를 보더라도 그 상품에 대한 부정적 정서를 별로 갖지 않게 된 것이다. 왜 이런 현상이 나타났을까. 스토리 형태로 정보를 받아들일 때에는 스토리의 전체 맥락이 소비자들에게 훨씬 중요해진다. 여행에 대한 벅찬 감동과 즐거움이 주가 되는 가운데 이를 잠재적으로 해칠 수 있는 요소는 상대적으로 과소평가됐다. 반면, 스토리 구조 없이 리스트 방식으로 구성되어 있을 때 소비자들은 부정적 요소에 대해 긍정적 요소와 같은 수준으로 동등한 관심을 갖게 되면서 상대적으로 부정적인 효과가 더 큰 영향을 발휘한 것으로 풀이된다.

유사한 연구는 이후에도 지속적으로 이뤄졌다. 예를 들어 특정 화장품 브랜드에 대해 스토리를 노출시킨 그룹이 그렇지 않은 그룹에 비해 선호도나 구매 의향이 훨씬 높게 나타나는 등[52] 다양한 분야에서 이뤄진 후속 연구 결과도 일관된 결과를 보여줬다.

이런 연구 결과들은 소비자들이 제품을 바라보는 인식에 대한 새로운 관점을 제시한다. 합리적으로 생각해보면 가격과 기능 측면에서 뛰어난 제품을 소비자들은 선택해야 한다. 하지만 소비자들은 일반적으로 많은 정보를 스토리 형태로 받아들이는 것에 익숙하다. 스토리는 사회 속에서 살아가는 인간 혹은 생명체들이 경험하는 현상과 관련이 있다. 능동적으로 판단하고 행동하는 인간은 외부의 도전과 자극에 대한 응전을 하면서 흥미로운 스토리를 만들어갔다. 인간은 다른 생명체와 달리 이런 스토리를 언어로 소통하기 시작했다. 그리고 이 과정에서 허구적인 내용이 첨가되었고, 더 자극적인 스토리가 개발됐다. 이는 놀라운 결과를 낳았다. 사피엔스의 저자 유발 하라리는 신체적으로는 매우 나약한 존재에 불과했던 인간이 지구를 지배할 수 있었던 동력으로 허구를 포함한 스토리를 수만, 수십만, 혹은 수백만 명이 믿게 되면서 다른 종은 도저히 불가능한 대규모 협업이 가능해졌기 때문이라고 분석한다.[53] 이렇게 엄청난 규모의 협업을 통해 인간이 지구를 지배할 수 있었다는 분석이다. 유발 하라리의 관점에 따르면 스토리의 힘이 인류를 지구상에서 가장 위대한 종으로 만들었다고 볼 수 있다

일부 심리학자들은 인간이 대부분의 정보를 스토리 형태로 받아들인다고 주장한다.[54] 메시지 수용자들은 대부분의 정보를 이야기 방식으로 전달받고 이를 평가하고 수용하며, 의사결정을 내린다는 것이다. 모든 정보를 스토리 형태로 받아들인다는 주장에 대해 스토리의 중요성을 너무 과장한 것 아니냐는 비판도 있다. 하지만

스토리 형태를 갖춘 정보는 다음과 같은 이유로 확실히 사람들에게 강한 영향력을 행사할 수 있다.

우선 스토리는 받아들이기도 쉽고 기억하기도 쉽다. 지루하게 지식을 나열하면 기억에 남는 게 많지 않지만, 스토리 요소를 가미한 사례를 통해 설명하면 훨씬 지식을 쉽게 받아들일 수 있게 된다. 전화번호나 역사 연대기 등을 그대로 외우려면 무척 힘들지만 숫자를 글자와 연계하거나 나름의 스토리 라인을 구성하면 훨씬 잘 외워지는 경험을 우리는 자주 한다. 또 인간의 뇌에는 스토리 형태의 정보를 저장하는 공간이 따로 있다고 한다. 따라서 스토리는 오랜 기간 저장이 가능하고 인출도 쉽게 이뤄질 수 있다. 치매가 걸리더라도 스토리 형태의 과거 기억을 또렷하게 하는 경우가 많은 것도 이런 이유 때문이다.

또 스토리는 감정을 자극한다. 사람은 매우 이성적인 존재인 것 같지만, 이성보다 감정의 영향을 훨씬 많이 받는다. 현재 상황을 개선시킬 수 있는 아주 좋은 대안을 제시하더라도 조언을 해준 사람을 감정적으로 싫어하면 대부분은 그 조언을 받아들이지 않는다. 반면 감정적으로 유대감을 갖게 되면 자신의 불이익을 감수하면서도 타인을 도와주는 게 인간이다. 일상적으로 정보의 수용, 대안에 대한 평가, 선택과 관련한 의사결정에서 감정은 이성을 압도한다. 스토리는 감정에 직접적인 영향을 끼치는 요소로 이성적 접근에 비해 훨씬 강한 영향력을 행사한다.

제품력과 브랜드 가치가 항상 비례하지 않는 이유도 스토리의 중요성과 연관지어서 해석할 수 있다. 더 좋은 스펙의 스마트폰을 만드는 업체가 많지만 애플의 브랜드 가치가 가장 높은 이유는 애플이란 브랜드에 노출되면 창의성의 상징과 같은 인물인 스티브 잡스, 기존 권위에 대한 도전, 혁신 등 다양한 스토리가 먼저 떠오르는 것과 관련이 있다. 나이키가 경쟁사에 비해 높은 브랜드 가치를 갖고 있는 이유도 도전 정신, 'Just Do It' 같은 스토리 라인이 먼저 떠오르는 것과 관련이 있다.

따라서 우리 제품의 품질을 최고로 만드는 노력만으로 성공할 수 없다. 사람들에게 영향을 끼치려면 스토리가 필요하다. 스토리를 통해 소비자들과 감정적 교감에 성공하면 앞서 소개한 실험 결과에서 알 수 있듯이 경쟁자에 비해 일부 기능이 낮은 측면이 있더라도 크게 문제가 되지 않을 수 있다. 반면 탁월한 기능을 갖추고 있어도 스토리가 없다면, 감정적 유대감이 형성되지 않고, 소비자의 관심을 끌기도 어려우며, 소비자들의 뇌리에 오래 기억되기도 힘들다. 경쟁자가 많지 않다면 품질만을 무기로 경쟁해도 생존을 보장받을 수 있을 것이다. 하지만 지금은 대부분 업종에서 경쟁이 치열해지면서 품질 측면의 상향평준화가 이뤄지고 있다. 이런 경쟁 환경에서 스토리는 강력한 차별화 무기가 될 수 있다.

다양한 기업들의 사례를 보면 스토리의 위력을 확인할 수 있다. 글로벌 생수 브랜드 '에비앙'은 한 귀족이 알프스 지역의 생수를 마시고 신장결석을 치료했다는 스토리를 보여주었다. 소주 브랜드 '처음처럼'은 개발자가 알칼리 환원수로 건강을 회복했다는 이야기로 소비자들에게 강한 인상을 남겼다. 휴렛팩커드는 차고에서 500달러로 창업한 스토리를 광고로 제작해 'HP'의 사고방식을 알리며 마케팅에 활용하기도 했다. 스포츠웨어 업체 '언더아머'도 홈구장에서 절대 승리를 내줄 수 없다는 뜻의 'Protect this House'라는 일관된 마케팅 메시지를 내보내 브랜드에 노출된 고객들에게 강한 인상을 심어주며 급성장했다. 이런 스토리들은 제품의 장점을 수없이 많은 리스트로 나열하는 것보다 소비자들의 뇌리에 훨씬 강한 인상을 남긴다. 감정적 호감도 유발할 수 있다. 물론 진정성 있는 진짜 스토리가 아니라 상업적 목적을 위한 가짜 스토리인 것으로 판명될 경우 거센 역풍을 유발할 수 있다는 점도 유의해야 한다.

세계관, above the story : 방탄소년단 세계관

대중가요의 특성상 스토리는 필수적인 상품 구성 요소다. 길든 짧든 대중가요에는 스토리가 어떤 형태로든 포함될 확률이 높다. 가사가 있는 노래를 만드는 과정에서 스토리를 빼놓을 수는 없다. 하지만 BTS는 방대하고 정교한 거대한 신화, 세계관을 설계하였다. 노래나 앨범 별로 단순한 몇 가지 스토리를 담아내는 것을 넘어서 여러 앨범에 공통 적용되는 거대한 세계관을 담은 스토리 구조인 소위 방탄소년단 세계관, 즉 'BU(방탄소년단 유니버스 혹은 BTS

Universe)'를 정립했다. 매혹적인 스토리가 담긴 정교한 가상세계를 설정하고 이 속에서 여러 이야기들이 연관 관계를 갖고 모였다 흩어졌다가를 반복하며 고객들에게 새로운 경험을 전해주고 있다. 예를 들어 '시간과 공간을 이동하는 게 가능한 세계'라는 식의 룰을 만든 후 그 세계관에 맞는 이야기를 만들어 나가는 것이다.

세계관은 가상의 세계, 혹은 무대가 되는 세계를 의미하는데 전체 스토리를 진행하는 가상의 룰을 뜻한다. 여러 스토리의 플랫폼 역할을 하는 세계관을 토대로 서사를 이어간 대표적인 사례들은 영화나 게임에서 찾아볼 수 있다. 예를 들어 블리자드사는《스타크래프트1》,《스타크래프트2》,《워크래프트》,《오버워치》 같은 스테디셀러 게임들을 보유하고 있다.《블리자드》는 개별 게임의 완성도를 높이기 위해서도 애를 쓰지만, 전체 게임을 관통하는 소설과도 같이 단단한 세계관을 구축하고 이에 기초해 개별 스토리라인과 캐릭터를 구축하고 있다. 따라서《워크래프트》의 주연으로 등장한 캐릭터가《스타크래프트》의 주연급 조연으로 등장하는 식의 사례를 자주 찾아볼 수 있다. 또 블리자드의 신작 게임은《스타크래프트》의 콘텐츠를 사용할 수 있게 했고《하오스(시공의 폭풍)》라는 게임은《오버워치》의 콘텐츠를 가져다 사용할 수 있게 했다. 전체 세계관 하에서 개별 스토리 라인과 캐릭터가 서로 연결되도록 하나의 세계를 만들어낸 것이다.

세계관 종류	주요특징
Cinematic Universe	– 마블 유니버스 : 다중/평행우주 기반의 세계들 – DC 코믹스 유니버스 : 슈퍼맨이 등장하는 52개의 우주 – 트랜스포머 시네마틱 유니버스 : 연결되는 설정 – 다크 유니버스 : 유니버셜 픽처스의 드라큘라, 미이라, 투명인간, 늑대인간을 총괄하는 설정 – 스타트랙 : Mirror Universe ※주로 배경설정 중심
Animation Universe	– 일본 특정 애니메이션에 적용되는 세계관 지칭 – 배경 설정보다는 스토리 설정 중심 – 신세기 에반게리온, 은하철도 999 등이 유사 – Animation Universe 〉세카이계 (특정 설정이 있는 애니 세계관)
Fictional Universe	– 조앤 롤링의 해리포터 시리즈 : 마법과 인간의 세계 – J.R.R 톨킨의 호빗, 반지의 제왕, 실마릴리온 : 언어와 종 족의 설정 – 걸리버, 이상한 나라의 앨리스, 피터팬 등의 설정 세계관
게임 세계관	– 파이널 판타지, 아이디어 팩토리社의 네버랜드, 던전 앤 드래곤 시리즈, 블리자드 세계관 등

〈표 2〉 세계관의 종류와 특징

개별 스토리 하나로 승부하는 것에 비해, 세계관을 토대로 개별 이야기를 풀어나가는 접근 방식은 확실한 장점이 있다. 우선 스토리에 대한 고객들의 몰입도가 훨씬 높아진다. 개별 이야기가 전체 세계관의 일부이기 때문에 개별 이야기를 이해하고 난 고객들은 전체 스토리 속에서의 위치를 확인하고 싶은 열망을 갖게 된다. 이 과정에서 더 강한 몰입감을 갖고 고객들은 전체 스토리를 이해하려 할 확률이 높아진다. 또 고객들 스스로 이야기의 해석과 관련한 더 큰 자율권을 얻게 된다. 개별 이야기 구조 속에서 이뤄지는 스토리에 대한 해석에 비해, 전체 세계관과의 연계 속에서 이뤄지는 해석은 확장 가능성과 자율성이 비교할 수 없이 크다. 이 과정에서 세계관을 해석하고 나름의 관점을 덧붙인 콘텐츠들이 지속적으로 양산되고, 이런 콘텐츠들은 기존 고객의 충성도를 강화하면서 새로운 고객의 유입을 촉진하는 선순환의 고리를 만들어낸다. 특히 개별 스토리와 세계관은 상호 작용을 하면서 발전해가기 때문에 지속적으로 고객 만족도를 높일 수 있다. 특정 스토리는 아무리 확산되더라도 정점을 지나면 소비자들의 관심에서 멀어질 수밖에 없다. 하지만 세계관 속에서 이야기가 계속 이어지면 고객들은 새로운 스토리에 지속적으로 관심을 이어갈 수 있다.

이런 접근은 비즈니스 측면에서도 의미가 크다. 우선 신작 콘텐츠의 연착륙이 가능하다. 스토리 라인이 연계되는 연작 소설이 고객들의 관심을 지속적으로 자극하듯, 이전 대작들과 연계된 신작 콘텐츠에 대해 고객들에게 훨씬 높은 기대감을 심어줄 수 있고, 과거 이용자들을 비교적 손쉽게 새 콘텐츠의 이용자로 끌어올 수도 있다. 또한 신작 콘텐츠에 관심을 가진 신규 고객은 세계관으로 연계된 과거 콘텐츠에도 관심을 가질 수 있다. 서로가 상호 보완적으로 고객의 충성도와 몰입도 상승을 유도할 수 있다는 얘기다. 세계관 속에서 정교한 스토리라인이 구축되면 다른 사업 영역으로의 확장도 용이해진다. 실제 《블리자드》는 《오버워치》를 소설과 영화로도 제작해 게임을 통해서는 접하기 힘들었던 새로운 고객들과 접점을 형성했다.

마블 시네마틱 유니버스도 유사한 사례다. 아이언맨, 토르, 캡틴 아메리카 등 개별 주인공들은 자신의 이야기를 펼쳐가지만, 마블

구분	영화 제목	개봉
Phase 1	아이언맨 Iron Man	2008
	인크레더블 헐크 The Incredible Hulk	2008
	아이언맨2 Iron Man 2	2010
	토르:천둥의신 Thor	2011
	퍼스트 어벤져 Captain America: The First Avenger	2011
	어벤져스 Marvel's The Avengers	2012
Phase 2	아이언맨3 Iron Man 3	2013
	토르: 다크 월드 Thor: The Dark World	2013
	캡틴 아메리카: 윈터 솔져 Captain America: The Winter	2014
	가디언즈 오브 갤럭시 Guardians of the Galaxy	2014
	어벤져스: 에이지 오브 울트론 Avengers: Age of Ultron	2015
	앤트맨 Ant-Man	2015
Phase 3	캡틴 아메리카: 시빌 워 Captain America: Civil War	2016
	닥터 스트레인지 Doctor Strange	2016
	가디언즈 오브 갤럭시 Vol. 2 Guardians of the Galaxy Vol. 2	2017
	스파이더맨: 홈커밍 Spider-Man: Homecoming	2017
	토르: 라그나로크 Thor: Ragnarok	2017
	블랙 팬서 Black Panther	2018
	어벤져스: 인피니티 워 Avengers: Infinity War	2018
	앤트맨과 와스프 Ant-Man and the Wasp	2018
	캡틴 마블 Captain Marvel	2019
Phase 4	스파이더맨: 파 프롬 홈 Spider-Man: Far From Home	2019
	가디언즈 오브 갤럭시 Vol. 3 Guardians of the Galaxy Vol. 3	2019

〈표3〉 Marvel Cinematic Universe Films

세계관에서 서로 영향을 주고받으며 전 시리즈에 걸쳐 플롯, 설정, 캐스팅, 캐릭터가 유기적으로 연결된다. 신작이 나와도 전작의 스토리 설정과 연결되는 식이다. 마블 유니버스는 마블 시네마틱 유니버스보다 큰 개념으로 만화, 영화뿐 아니라 모든 미디어를 총괄하는 설정이다. BU, 즉 방탄소년단 세계관은 마블 시네마틱 유니버스와 유사성을 갖고 있다. 다만 마블 시네마틱 유니버스가 영화라는 단독 미디어를 사용하는 것과는 달리 방탄소년단의 BU는 인쇄매체, 뮤직비디오, 음악, 포스터 등 다양한 미디어를 사용한다는 점에서 차이가 있다.

방탄소년단은 매우 정교하게 설계된 BU 세계관의 룰에 따라 음악활동, 영상활동을 이어갔다. 음반을 제작할 때마다 개별적으로 콘셉트를 별도로 정하고, 음반을 발표하며 활동한 게 아니라 매우 긴 호흡으로 계산된 세계관 하에서 개별 스토리를 고민하며 앨범을 제작해왔다. 현재까지 방탄소년단은 크게 3개의 시리즈와 두 개의 단독 앨범을 출시했다. 첫 번째가 학교 시리즈, 두 번째가 DARK & WILD, 세 번째가 화양연화 시리즈, 네 번째가 WINGS, 다섯 번째가 LOVE YOURSELF 시리즈다. 앨범을 시리즈 형식으로 내는 것도 대중음악에서는 흔치 않은 시도다. 시리즈를 통해 개별 앨범을 관통하는 컨셉을 부여함으로써 다음 작품에 대한 호기심을 높이고 새로 유입된 고객에게는 과거 앨범을 찾아보게 유도했다. 시리즈와 세계관은 조금 다른 영역이다. 시리즈는 연작 앨범의 특정 컨셉이 이어지는 것을 의미한다. 개별 앨범 혹은 수록곡들은 때

구분		앨범제목	대표곡	연도	BU	기타
BU 시작 전	학교 시리즈	2 COOL 4 SKOOL	No More Dream	2013	×	
		O!RUL8,2?	N.O	2013	×	
		Skool Luv Affair	상남자	2013	×	
		Skool Luv Affair Special Addition	Miss Right	2014	×	리패키지
	DARK&WILD	DARK&WILD	DANGER	2014	×	정규앨범
BU	화양연화 시리즈	화양연화 pt.1	I NEED U	2015	O	
		화양연화 pt.2	RUN	2015	O	
		화양연화 Young Forever	불타오르네	2016	O	리패키지
BU	WINGS	WINGS	피땀눈물	2016	O	정규앨범
		YOU NEVER WALK ALONE	봄날	2017	O	WINGS 외전 (리패키지)
BU	LOVE YOURSELF 시리즈	LOVE YOURSELF 承 'Her'	DNA	2017	O	
		LOVE YOURSELF 起 'Wonder'	Euphoria	2018	O	앨범x, 영상물
		LOVE YOURSELF 轉 'Tear'	Fake Love	2018	O	정규앨범
		LOVE YOURSELF 結 'Answer'	IDOL	2018	O	리패키지

〈표4〉 방탄소년단의 국내 발매 앨범 history 및 BU MV 포함 여부

로는 방탄소년단 세계관을 반영한 것일 수도 있고, 아닐 수도 있다.

방탄소년단이 처음으로 낸 연작 앨범 학교 시리즈는 방탄소년단 세계관을 반영하지 않았다. 2015년 화양연화 시리즈 앨범부터 BU, 즉 방탄소년단 세계관이 본격적으로 반영됐다. 방탄소년단 세

계관의 서사는 단순히 앨범에만 등장하는 것은 아니다. 뮤직비디오나 별도의 영상물을 통해서도 서사가 이어진다. 일부 서사는 일본에서 발매된 앨범에도 등장한다. 여기서 그치지 않는다. BU 세계관은 앨범 속지, 콘서트 포스터, 콘서트의 무대 영상, BTS 멤버들의 인터뷰나 말 등에도 노출된다. 즉, 활용할 수 있는 모든 미디어에서 BU의 다양한 서사와 상징들을 찾을 수 있다.

방탄소년단 세계관을 전개할 때 가장 팬들의 관심을 많이 받는 미디어는 뮤직비디오다. 다양한 서사와 상징물을 영상으로 보여 줄 수 있다는 측면에서 뮤직비디오는 BU를 전개하는 과정에서 가장 중요한 역할을 하는 핵심 매체다. BTS의 많은 곡들은 뮤직비디오로 제작되었는데 그 중에서 BU의 설정과 스토리라인을 따르는 뮤직비디오나 영상에는 'BU Certified'라는 설명이 붙어 있어 스토리라인을 따라갈 수 있게 안내하고 있다. 또 뮤직비디오가 아닌, 서사만을 위한 영상도 별도로 제작한다.

현재까지 BU를 이끌어가는 3개 축(화양연화, WINGS, LOVE YOURSELF)의 서사들은 서로 연결되어 있다. 다만 스토리들은 시간 순서대로 진행되지 않는다. 이는 마치 《스타워즈》가 시간 순서대로 세계관을 드러내지 않은 것과 유사하다. 1977년 처음 발표된 조지 루카스 감독의 영화 《스타워즈》 시리즈는 처음 시리즈를 만들 당시 기술력이 매우 부족했다고 한다. 따라서 상대적으로 높은 기술을 필요로 하지 않는 4~6편을 먼저 제작해서 개봉했다. 나중에 1~3편은 기술 수준이 발전하고 난 후에 제작해 개봉했다. BTS도 유사하게 앨범이 나올 때마다 시간 순으로 스토리 라인을 진행하지 않았고, 나름대로 설정한 세계관의 룰, 혹은 기획 의도에 따라 스토리를 공개했다. 시공을 초월해서 스토리 라인이 구성되고 있는 셈이다. 이는 세계관을 토대로 한 스토리 구성의 장점을 모두 흡수하면서 고객들의 더 큰 호기심을 자극하기 위한 것으로 추정된다. 다양한 실마리가 시간과 상관없이 흩어져 있으며 현재까지 완결되지 않았기 때문에 전체 서사의 완벽한 모습은 아직 파악할 수 없다. 《스타워즈》에서 다스베이더가 루크의 아버지인 것이 나중에 밝혀졌던 것처럼, 나중에 어떤 형태의 반전이 등장할지 알 수 없는 상황이다. BU도 시간 순서대로 진행되지 않으면서 시리즈 간의 유기적 연결되는 스토리로 관객들의 몰입을 증대시킨다.

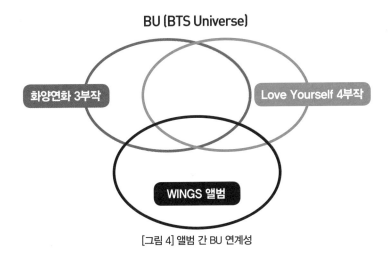

BU (BTS Universe)

화양연화 3부작

Love Yourself 4부작

WINGS 앨범

[그림 4] 앨범 간 BU 연계성

구분	제목	발매일	제공
뮤직비디오	I NEED U	2015.4	youtube
	I NEED U (Original ver.)	2015.5	youtube
	RUN	2015.4	youtube
	I NEED U (Japanese ver.)	2015.12	youtube
	RUN (Japanese ver.)	2016.3	youtube
	EPILOGUE : Young Forever	2016.4	youtube
	피땀눈물	2016.10	youtube
	피 땀 눈물 (Japanese ver.)	2017.5	youtube
	FAKE LOVE	2018.5	youtube
	FAKE LOVE extended ver.	2018.6	youtube
	LOVE YOURSELF 結 Answer 'Epiphany'	2018.7	youtube
단편영화형 영상물	화양연화 on stage : prologue	2015.10	youtube
	WINGS Short Film (7편, 멤버당 1편) #1 BEGIN, #2 LIE, #3 STIGMA, #4 FIRST LOVE, #5 REFLECTION, #6 MAMA, #7 AWAKE	2016.9	youtube
	LOVE YOURSELF Highlight Reel '기,승,전,결' (4편)	2017.8	youtube
	Euphoria : Theme of LOVE YOURSELF 起 Wonder	2018.4	youtube
포스터	LOVE YOURSELF	2017.8	트위터
블로그	스메랄도 블로그	2017.8–2018현재	네이버 블로그
위키	스메랄도 항목	2015.4	위키피디아
인쇄물	화양연화 The Note 승, 전, 결	2015.4	앨범內수록
공연영상	시상식 등 대형무대의 전광판 영상	수시	전광판

〈표 5〉 방탄소년단의 BU 전개 미디어 현황

BTS의 서사에는 또 다른 특징도 있다.《스타워즈》나《마블》에서 등장인물들은 본명이 아닌 극중 인물의 이름으로 등장한다. 로버트 다우니 주니어가《아이언맨》의 토니 스타크역을 맡는 식이다. 하지만 BU에서 등장하는 주인공들은 일반적으로 대중들 앞에서 사용하는 예명이 아닌 실제 본명을 사용한다. BU에서 방탄소년단의 뷔는 본명인 김태형으로, 슈가 역시 본래 이름인 민윤기로 등장한다. 이는 트랜스미디어 콘텐츠가 현실과 가상을 혼돈시켜 콘텐츠의 재미를 증가시키는 장치로 즐겨 사용하는 방법이다. 방탄소년단 세계관을 더욱 현실적으로 만들기 위한 설정으로 풀이된다.

일반인들은 방탄소년단 세계관을 몰라도 음악을 듣고 즐기는 데 전혀 무리가 없다. 따라서 관심도가 낮은 일반인들은 복잡한 서사의 구조를 이해할 필요가 없이 즐기면 되고 마니아들에게는 깊이 빠져들 수 있는 콘텐츠, 소위 '떡밥'이 된다.

방탄소년단 세계관의 주요 서사

방탄소년단 BU 세계관은 2015년부터 화양연화 3부작 시리즈에서 시작해(2013년부터 기획되었다는 설도 있다) 뮤직비디오와 다양한 매체를 통해 단서들을 노출시키며 스토리 라인을 형성해가고 있다. 진, 정국, 태형, 남준, 윤기, 호석, 지민 7명의 소년들은 친형제처럼 친한 사이이며 각자 가난, 폭행, 사고 등 하나 이상의 치명적인 트라우마를 갖고 있다는 게 기본 설정이다. 시리즈에 따라 상징물이 바뀌는 등 변화가 있지만 기본적으로 연결되는 서사와 동일한 설정을 공유한다. 화양연화 시리즈와 LOVE YOURSELF 시리즈는 스토리가 연결되고 WINGS는 일부 설정만 공유한다.

세계관의 공식적 명칭은 BU지만 많은 팬들은 세계관을 통칭해 '화양연화'라고 부르기도 한다. 그만큼 화양연화 시리즈의 서사가 갖는 영향력이 강력했다. 화양연화에서 소년들은 각자의 트라우마로 인해 어렵고 힘든 청소년기를 보낸다. 하지만 친구들과 함께 트라우마를 극복하고 성장할 수 있는 계기를 마련한다. 각자가 가진 고통스러운 환경이나 사건들과 함께 그들이 함께하며 보냈던 행복하고 즐거웠던 시간들이 오버랩된다.

그리고 2016년 발매된 WINGS 앨범의 〈피 땀 눈물〉 뮤직비디오에서는 화양연화에서 방황을 끝낸 소년들이 유혹에 빠진다는 설정을 담고 있다. 〈피 땀 눈물〉은 화양연화와 다른 배경에서 다른 서사가 진행된다. 즉, 현실세계가 아닌 관념의 세계를 드러낸다. 〈피 땀 눈물〉은 데미안에서 콘셉트를 차용한 것으로 유명하다. 데미안에서 싱클레어는 데미안을 만나며 부모로부터 보호받는 안전한 세계를 벗어나 유혹과 갈등을 경험하며 자아를 찾는 여정을 계속한다. 〈피 땀 눈물〉은 싱클레어처럼 소년들이 선과 악을 만나 스스로 타락해보고 부딪히며 판단력을 갖게 되고 결국 성장하며 알을 깨고 나오는 관념적 서사를 진행한다. 뮤직비디오에서는 다양한 그림과 예술작품, 문구 등을 통해 혼돈과 타락, 시행착오 등이 성숙한 자아를 찾기 위한 통과의례임을 상징적으로 보여준다. 뮤직비디오에 나오는 그림 이카루스의 추락, 뮤직비디오에 나오는 니체의 경구 등의 상징들은 혼란과 혼돈의 시간들이 반드시 거쳐야 할 보석 같은 시간들임을 말하기 위한 것으로 풀이된다. 정교하게 나열된 힌트들로 가득한 〈피 땀 눈물〉 뮤직비디오는 영상미가 훌륭한 데다 내용을 둘러싼 다양한 해석의 여지를 만들었기 때문에 팬들이 자발적으로 제작한 뮤직비디오 해설 영상이 인기를 얻기도 했다.

2017년에 시작된 LOVE YOURSELF 시리즈에서는 주인공들이 다시 현실 세계로 돌아와 화양연화의 서사와 연결된 스토리가 펼쳐진다. 특히 하이라이트릴이라는 단편영화 같은 영상이 유튜브를 통해 공개되는데 여기서 석진이 화양연화 스토리를 이끌어가는 중심인물이었다는 게 밝혀진다. 화양연화 시절 멤버들의 상징적 사랑 이야기와 사고의 원인을 짐작할 수 있는 모티브들도 제공됐다. 석진은 타임리프(시간을 되돌림)를 계속하며 화양연화 시절로 돌아가 소년들의 불행을 막기 위해 노력한다. 2018년 발매된 LOVE YOURSELF 轉 'TEAR' 앨범의 타이틀곡 〈FAKE LOVE〉에서는 석진의 타임리프를 눈치 채고 진실을 추적하는 정국과 진실을 외면하는 멤버들, 이기적 사랑을 위해 다른 관계를 희생하는 사람들에 대한 이야기가 펼쳐졌다.

빅히트는 BU음악과 영상에만 스토리라인을 활용한 게 아니다.

빅히트는 라인프랜즈와 함께 방탄소년단 캐릭터 상품을 출시했을 때에도 스토리를 적극 활용했다.

BT21 캐릭터 & 세계관

BT21은 방탄소년단이 네이버와 함께 개발한 캐릭터이다. 네이버와 LINE에서 이모티콘으로, 라인프랜즈샵에선 캐릭터 인형과 굿즈로도 큰 인기를 얻고 있다. 단편영상들도 제작되었다.

일반적으로 유명인들이 캐릭터 사업을 할 경우 연예인 얼굴을 캐릭터화시켜 상품을 출시하는 게 보통이다. 하지만 방탄소년단은 다른 접근을 했다. 멤버들이 각자의 개성을 반영한 캐릭터를 직접 기획하고 디자인하고 네이밍했다. 특히 여기에도 전체 세계관을 반영한 스토리를 구축했다. BT21 세계관은 BU 세계관과 연관이 없는 전혀 새로운 세계관이다. BU만큼 설정이 정교하지는 않고 캐릭터 설명과 배경에 대한 간략한 설정이 있는 정도이다.

예를 들면 호기심이 많은 타타TATA라는 캐릭터는 우주로봇 반VAN과 함께 우주를 여행하다가 우연히 지구에 불시착하게 된다. 여기서 알제이RJ, 슈키SHOOKY, 코야KOYA, 쿠기COOKY, 치미CHIMMY, 망MANG과 같은 친구를 만나게 된다. 그리고 이들과 함께 우주 최고의 대스타를 꿈꾼다. 각 멤버들이 어떤 과정을 거쳐 각자의 개성을 대표하는 캐릭터를 만들었는지에 대해서는 유튜브 채널 BT21을 통해 공개했다. BT21은 방탄소년단 멤버들과 유기적으로 연계된 캐릭터들이 살아 숨 쉬는 또 다른 유니버스다.

BT21 Making

브랜드 역사를 함께 할 세계관 구성

언제부터인가 한국 대중가요계에서 가사나 스토리 라인에 대한 관심과 투자가 상대적으로 부족해진 느낌을 지울 수 없다. 아름다운 가사나 스토리 라인보다는 중독성 강한 후크가 대세로 자리 잡으면서 가사와 스토리에 많은 시간과 자원을 투자하지 않았다는 느낌을 주는 노래가 적지 않다. 하지만 방탄소년단은 이런 트렌드에 순응하지 않았다. 개별 가사에 멤버들의 진짜 고민과 감성을 담아내기 위해 최선을 다했을 뿐만 아니라, 전체 앨범을 관통하는 서사를 구축하면서 방탄소년단 세계관BU을 만드는 등 독특한 시도를 이어가고 있다.

이런 노력은 기업 경영에도 좋은 영감을 준다. 다양한 제품군을 출시할 때 단순히 개별 제품별로 차별화 포인트를 만들어 내기 위해 고민하는 데 그치지 말고, 우리 기업이 일관되게 추진하고 있는 서사와 스토리, 개성을 녹여낸다면 고객들의 감정적 호감은 물론이고 더 강력한 유대감을 형성할 수 있기 때문이다.

화장품 브랜드 베네피트는 핵심 서사 구조를 다양한 제품군에 적용해 성공적으로 고객들에게 매력적인 브랜드 포지셔닝을 한 사례로 볼 수 있다. 쌍둥이 자매가 창업한 베네피트는 초기의 스토리부터 독특한 개성이 엿보인다. 미국 샌프란시스코에서 작은 가게를 운영하던 창업자들은 고객들의 고민을 들어주고 대안을 모색하기 위해 노력해왔다. 그러던 중 클럽에서 일하는 스트립댄서가 찾아와 유두의 색이 너무 진해서 고민이라며 예쁜 색깔로 잘 지워지지 않는 화장품을 만들어달라고 부탁했다. 베네피트 창업자들은 장미꽃으로 '로즈틴트'라는 화장품을 만들어 고객을 만족시켰고 이 제품은 물이나 수분이 묻어도 잘 지워지지 않는데다 색깔이 예뻐 공전의 히트를 기록한 색조 화장품으로 자리 잡게 된다.

이런 성장 스토리에서 볼 수 있듯이 베네피트는 진지함을 배격하고 쉽고 편안하며 친근한 개성을 바탕으로 만들어진 스토리를 모든 제품에 적용하고 있다. 보통 화장품은 '어드밴스드 나이트 리페어 싱크로나이즈드 리커버리 콤플렉스'처럼 복잡하고 어려운 이름을 가진 경우가 많다. 물론 이런 진지한 접근도 의미가 있다. 화장품은 소중한 피부와 직접 접촉하는 상품이기 때문에 진지하고 진중한 브랜드 콘셉트도 고객 가치를 만들어낼 수 있다. 하지만 이런 제품이 시장에 많이 나와 있는 상황에서 유사한 콘셉트로 접근하면 차별화는 쉽게 이뤄지지 않을 것이다. 베네피트는 초기부터 쉽고 편하고 즐거운 스토리 라인을 계속 이어 갔다. 예를 들어 제품 명칭부터 독특하다. 'Touch Me Then Try to Leave(나를 만져보고 떠날 수 있으면 떠나봐)', 'Something about Sofia(소피아에게 뭔가 특별한 게 있어)'와 같이 일상의 대화처럼 들리는 스토리 형태의 제품명을 사용한다. 또 수분 크림 제품명은 'Dear John(존에게)'인데 그 배경이 되는 스토리는 존으로 명명된 기존 크림과 헤어지자는 여성의 편지를 배경으로 하고 있다. 그 편지의 주요 내용은 '존보다 더 흥분시켜주는 크림이 나왔고 새 크림은 밤이나 낮이나 나를 만족시켜주기 때문에 헤어지자'는 것이다. 제품의 명칭뿐만 아니라 포장도 엄숙하고 진지한 화장품이라기보다 장난감 같은 느낌을 준다. 실제 베네피트의 화장품 포장은 원더우먼이나 복고풍 만화, 흘러간 옛 영화 장면 등을 담고 있다. 대부분 화장품 회사들은 유명 연예인을 광고 모델로 쓰고 있지만 베네피트는 창업자들이 모은 앤티크 인형을 활용하고 있다. 이렇게 일관된 스토리 라인이 이어지면서 고객들은 베네피트만의 개성을 느끼며 감정적 몰입감을 높이고 있다.

물론 베네피트가 이렇게 재미있고 가벼운 방식으로 화장품을 만든다는 서사를 이어가다보니 외모 비하 논란을 일으키는 등 문제를 일으키기도 한다. 실제 베네피트는 화장품 광고에서 화장을 하기 전 모습을 비하하는 듯한 표현을 써서 고객들로부터 반감을 사기도 했다. 이런 측면에서 주의가 필요한 것도 사실이다. 하지만 창업자의 개성과 생각하는 방식, 철학을 그대로 계승하고 이를 고수하며 서사를 이어가고 있다는 점은 주목할 만하다. 또 차별화가 극도로 힘든 치열한 경쟁 환경에서 이런 접근은 장기적으로 고객들과 좋은 유대관계를 형성할 수 있는 유력한 대안 중 하나다. 고객들이 우리 브랜드, 제품에 노출될 때 어떤 서사 구조, 즉 스토리를 떠올릴 수 있을지 고민하고 이를 일관되게 유지하려는 노력이 필요하다. 고객들은 단순히 기능의 총합인 제품을 소비하는 게 아니라, 제품이 주는 총체적인 이미지와 스토리, 추상적인 개념까지 소비하기 때문이다.

▶스토리는 고객의 감정과 정보 수용, 행동에 가장 큰 영향을 끼치는 요소다. 스토리 없이 제품의 품질을 무미건조하게 나열하는 것으로는 최고의 브랜드가 될 수 없다. 기능적 측면에서 다소 불리한 제품이라도 강력한 스토리를 갖고 고객과 소통하면 경쟁자를 압도할 수 있다.

▶고객들이 우리 브랜드에 노출되었을 때 특정 스토리 라인을 먼저 떠올린다면 차별화된 브랜드로 고객들에게 깊은 인상을 심어줄 수 있다. 만약 스토리가 아니라 특정 기능이 떠오른다면 해당 기능 측면에서 압도하는 제품이 나오거나, 더 우월한 콘셉트의 제품이 나왔을 때 경쟁우위를 쉽게 상실할 수 있다. 우리만의 스토리를 개발하고 육성해야 한다.

▶방탄소년단은 개별 노래나 앨범 차원의 스토리에 머물지 않고, 여러 앨범을 하나의 콘셉트 하에서 시리즈물로 제작했다. 또 전체 앨범과 뮤직비디오를 관통하는 스토리 라인인 방탄소년단 세계관(BU)도 구축했다. 스토리에 대한 집착은 광적인 수준이다.

▶여러 제품군에 적용되는 총체적인 스토리 라인을 갖고 이를 기반으로 개별 제품을 출시한다면 치열한 경쟁 시장에서 독특한 고객 가치를 창출할 수 있다.

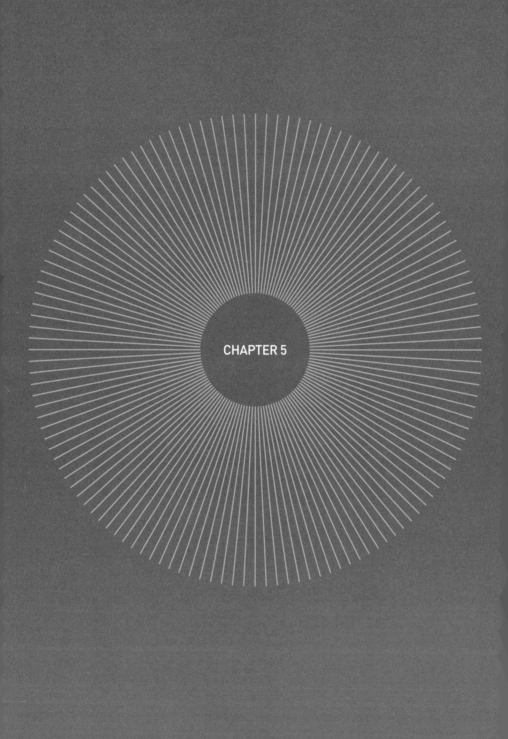

CHAPTER 5

거대 콘텐츠 인터랙션

미디어의 대변화

인류의 역사는 다양한 요인에 의해 변화의 전기를 맞게 된다. 변화의 동력으로는 경제 상황 등 물적 토대, 사회구조와 시스템, 혹은 둘 사이의 적합성 부재 등이 주요 원인으로 꼽힌다. 하지만 이보다 더 중요한 요인이 있다. 바로 미디어다.

미국 라이프LIFE誌는 서기 1000년부터 2000년까지 1000년 동안 인류 역사에 가장 큰 영향을 끼친 발명품을 선정했다. 전기, 페니실린, 컴퓨터, 인터넷, 전화 등 쟁쟁한 경쟁자를 뚫고 최고의 발명품으로 꼽힌 건 바로 구텐베르크의 인쇄술이다. 사실 인쇄술 자체는 새로운 게 아니다. 이미 동아시아 국가들은 구텐베르크에 앞서 인쇄술을 개발해 상용화했다. 하지만 동아시아의 역사는 '연속적 변화continuous change'를 이어갔던 반면 유럽의 역사는 지난 1000년 넘게 이어졌던 중세 시대가 무너지는 '불연속적 변화discontinuous change'를 경험했다. 그 차이는 동아시아 인쇄술이 싼 값에 책을 대량으로 인쇄하기 어려웠던 반면, 구텐베르크의 인쇄기술은 포도주 공정 등에서 사용되던 압착 기술 등이 적용돼 싼 값에 대량의 인쇄물을 제작할 수 있었기 때문이다. 이에 따라 일반인들에게 성서가 보급됐으며 성서에 대한 다양한 해석이 제기됐다. 교황청의 면죄부도 구텐베르크의 인쇄술 덕분에 대량으로 발행됐고, 기존 권위에 도전하는 종교개혁 선언문도 인쇄술 덕분에 대중에게 널리 유포됐다.

　인쇄술의 발달로 등장한 새로운 미디어는 어떤 메커니즘으로 역사를 바꿀 수 있었을까. 구텐베르크의 인쇄술이 등장하기까지 책은 소수의 특권층만 소유할 수 있었다. 일반인들은 특권층이 들려주는 성서의 해석에 일방적으로 의존할 수밖에 없는 구조였다. 지식과 정보의 독점 현상이 불가피했다. 지식의 생산과 유통 과정을 장악했던 소수의 특권층은 대다수 사람들의 생각을 완전히 장악할 수 있었다. 하지만 새로운 기술이 등장하면서 많은 사람들이 성서 원본을 볼 수 있게 됐다. 소수 특권층의 생각과 다른 생각이 표출됐고, 새로운 생각이 많은 사람들의 지지를 얻으며 중세의 몰락과 르네상스, 근대 사회의 개막이라는 놀라운 역사적 전환점을 마련했다. 이렇게 미디어가 변하면 대중들의 생각이 변하게 되고, 생각이 변하면 기존 체제와 시스템이 무너질 수 있다. 전체주의 국가에서 미디어를 강력하게 통제하는 것도, 독재자들이 쿠데타를 일으키고 나서 미디어부터 장악하는 것도 이런 이유 때문이다.

　최근, 구텐베르크의 인쇄술이 가져온 변화와 필적할 만한 근본적으로 새로운 변화가 시작됐다. 필자는 이를 '무경계 미디어'로 정의한다. 과거 전통적인 미디어는 경계가 명확했다. 콘텐츠 생산

	경계형 미디어	무경계 미디어
콘텐츠 생산자	소수 전문 인력	일반인
콘텐츠 생산 영역	특정 목적 중심(예능, 보도, 스포츠, 지식전달 등 명확한 목적 하에서 콘텐츠 제작)	특정 목적에 따른 구분 무의미
킬러 콘텐츠	이성 기반 콘텐츠	감성 기반 콘텐츠
편집 큐레이션	전문 편집자나 큐레이터가 담당	사회 구성원 전체
콘텐츠 유통 방식	필터링 후 대중에 공개	대중에 공개한 후 시장에서의 필터링
콘텐츠 유통 채널	특정 채널 중심	미디어 간 경계 의미 없음 (트랜스 미디어 현상)
콘텐츠 변형	제한적 변형	공범위한 변형과 패러디, 파생콘텐츠 제작
콘텐츠 소비 패턴	일반적 보편적 콘텐츠 주도	개인별 관심사 반영한 높은 다원성
콘텐츠 소비와 시공간	시공간 제약	시공간 제약 없음
커뮤니케이션 흐름	일방향	양방향, 다방향, 네트워크형
생산자와 수요자의 권력 구조	수직적, 위계적 구조	수평적 구조, 네트워크형 구조
미디어 생태계 특징	특정 주체의 기획과 의도 중시	자기조직화(self-organization)
대표미디어	TV, 신문, 잡지, 영화 등	유튜브, 카카오톡, 스냅챗, 라인, 인스타그램, 트위터, 페이스북 등

〈표6〉 경계형 미디어와 무경계 미디어의 특징 비교

자와 소비자의 구분이 명확했고 편집 큐레이션 역할을 담당하는 사람도 명확하게 존재했다. 콘텐츠의 영역도 명확했고, 콘텐츠를 전달하는 수단도 확실히 달랐다. 한 회사에서 같은 제품의 광고를 제작하더라도 각 매체별 경계가 너무나 명확했기 때문에 신문 따로, 잡지 따로, 방송 따로, 라디오 따로 콘텐츠를 만들어야 원만하게 집행됐다.

하지만 무경계 미디어에서는 생산, 유통, 편집/큐레이션, 소비, 재가공 등 지식과 정보의 모든 영역에서 경계가 사라졌다. 누구나 생산하고 유통하고 편집하고 소비하고 재가공할 수 있다. 콘텐츠의 영역도 전달 수단도 무의미하다. 유튜브에 동영상을 올리면 페이스북이나 인스타그램을 타고 확산된다. 그리고 이런 무경계 미디어의 영향력이 커지면서 사람들의 생각의 방식과 생활에 영향을 미치면서 새로운 세상을 만들어가고 있다.

무경계 미디어의 시대

무경계 미디어의 특징에 대해 조금 더 세부적으로 살펴보자. 우선 기존 경계형 미디어에서는 일부의 콘텐츠 생산자가 메시지나 콘텐츠를 생산했다. 생산자가 되기 위해서는 미디어 회사의 채용 혹은 선발 절차를 통과해야 했다. 신문 방송은 물론이고 영화나 책 CF 등 장르를 불문하고 대부분 콘텐츠는 전문 제작자들이 주도했다. 하지만 기술 발전과 초연결 시대가 열리면서 누구라도 의지만 있으면 콘텐츠를 만들어 대중들에게 선보일 수 있다. 아직까지도 기존 미디어 업계의 전문 생산자들이 만든 콘텐츠의 영향력을 발휘하고 있지만, 대중들이 만들어낸 창의적인 콘텐츠들의 영향력도 점점 커지고 있다. 특히 유튜브 등 무경계 미디어에서 활동하고 있는 크리에이터들의 영향력은 주목할 만하다. 미국의 잡지 버라이어티가 10대 소비자를 대상으로 물건을 살 때 가장 큰 영향력을 미치는 유명인을 묻는 설문을 실시했는데 설문 결과, 상위 20명 중 무려 10명이 유튜브 크리에이터였다고 한다.[55] 젊은층부터 시작해서 무경계형 미디어의 영향력이 급격히 커지고 있다.

과거 미디어에서는 개별 콘텐츠들이 명확한 목적을 갖고 있었다. 드라마, 예능, 시사, 교양 등 콘텐츠 제작 체계도 명확하게 고정되어 있었다. 드라마 PD가 시사 프로그램을 만들려면 부서 이동을 해야 했다. 특히 경계형 미디어에서는 엄격한 조직의 위계 질서 속에서 피라미드 조직의 단계별 의사결정을 받아 콘텐츠를 만들었다. 창의성이 제한될 수밖에 없는 구조에서 콘텐츠가 만들어진 것이다. 하지만 무경계 미디어에서는 영역의 의미가 없다. 누구라도 어떤 분야의 메시지나 정보를 제작하고 가공할 수 있다. 컨펌을 받아야 할 필요도 없다. 덕분에 전혀 새로운 양상의 콘텐츠가 만들어지고 있다. 개인의 일상이 대표적이다. 여행이나 퇴근 후 여가, 일상의 소소한 발견 등이 과거 미디어에서는 콘텐츠가 되리라고 상상조차 못했던 영역이지만, 무경계 미디어에서는 수많은 사람들이 소비하는 핵심 콘텐츠로 자리 잡았다. 기존 전통 미디어 세계에서는 절대로 제작 승인을 받을 수 없었던 콘텐츠들이 무경계 미디어에서는 핵심으로 등장한 셈이다.

물론 과거 유튜브가 서비스를 시작한 초기에는 기존 미디어와 유사한 콘텐츠들이 인기를 얻었다. 하지만 최근엔 기존 미디어에서는 보기 힘든 전혀 새로운 유형의 콘텐츠들이 인기를 끌고 있다. 쇼핑을 한 후 물건을 펼쳐놓고 기분을 만끽하는 콘텐츠, 구매한 물건을 풀어내는 과정을 담은 언박싱 영상, 다양한 실용 노하우 등 전혀 새로운 콘텐츠들이 만개하고 있다. 심지어 비 오는 소리, 쌀알 흔드는 소리도 훌륭한 콘텐츠가 될 수 있음이 입증됐다. 오히려 게임 중계 등 유튜브에서 유행한 콘텐츠나 포맷 등이 어린이전용 케이블TV의 핵심 콘텐츠가 되는 등 기존 미디어가 뒤늦게 유튜브 트렌드를 반영한 사례도 이제는 자주 등장하고 있다. 가장 극단적인 사례는 '봇노잼'이다. 봇은 로봇에서 유래한 말로 정해진 일만 한다는 의미다. 노잼은 재미없음을 뜻한다. 한 학생은 오전 10시부터 오후 10시까지 하루 12시간씩 자신이 공부하는 모습을 유튜브로 생중계했다. 식사시간 외에는 진짜 아무것도 안하고 공부만 한다. 오후 2시부터 3시까지 점심시간에는 무려 한 시간 동안 의자만 덩그러니 비쳐진다. 한 번은 말없이 미동도 않고 공부만 하던 봇노잼이 책을 한 장 찢었는데, 이게 화제가 돼서 온라인에서 짤방(짧은 동영상)으로 인기를 모으기도 했다. 대부분 시간은 아무 말 없이 방송이 이어지고 그 사이 시청자들은 채팅창으로 무수히 많은 이

종류	설명
먹방	음식을 요리하고 먹고 맛집을 방문하여 음식을 먹는 방송
게임 방송	다양한 게임을 하며 설명하고 노는 방송
뷰티	다양한 메이크업 방법을 소개하는 방송 유튜브 크리에이터계에서 큰 인기를 얻는 핵심 카테고리다
홈트 (홈트레이닝)	운동하는 법을 알려주는 방송, 난이도나 단련하고 싶은 부위, 성별이나 장소 등에 따라 다양한 방송들이 있다
하울	쇼핑 후에 쇼핑한 물건들을 펼쳐 설명하면서 쇼핑한 기분을 재만끽하는 방송
겟레디윗미 (GetRearyWithMe)	학교 가기 전 준비, 여행가기 전 준비, 데이트 가기 전 준비 등 준비를 같이 하는 방송이다
언박싱 (Unboxing)	신제품이나 물건들을 풀어보면서 내용물이나 기능을 살펴보고 설명하는 방송
Radio	말 그대로 좋아하는 장르의 노래를 몇시간 동안 라이브 혹은 VOD로 방송해준다. 스타벅스 매장음악, H&M 매장음악 등 카페배경음악도 골라 들을 수 있다. 누구나 DJ가 될 수 있다
브이로그	Video + Blog 블로그를 비디오로 만들었다고 볼 수 있다 일기처럼 자신의 일상을 기록, 편집한 방송
밥 친구	만나면 어색할 것 같은 직업(아이돌팬VS경호원, 자퇴생VS학생부장 선생님) 관계의 두 사람을 나란히 초대하여 같이 식사하며 대화 나누는 방송이다.
루틴 (Routine)	주제에 따른 일하는 순서를 방송 화장품루틴, 베이비루틴, 청소루틴 등 어떤 일을 어떤 순서로 하는지 알려주는 방송
하우투 (How to)	말 그대로 '하는 방법', A청소기 분해방법, 데이트할 때 실수하지 않는 방법 등 세상의 모든 노하우를 알려준다
ASMR	화이트노이즈라고 하는데 뇌를 편안하게 해주는 소리들이 있다. 비 오는 소리, 쌀알 흔드는 소리, 머리 빗는 소리, 파리의 밤거리 소리 등 마음을 편안하게 해주는 소리를 틀어주는 방송
OOTD (Outfit Of The Day)	오늘 입은 옷에 대한 소개 영상

리액션	뮤직비디오, 음식 등 문화에 대한 리액션을 방송 먹방도 일종의 리액션 방송이다
공부방송	같이 공부하는 방송(봇노잼 등이 유명)
커버영상	유명 노래를 커버하거나 댄스를 커버하는 방송 (2018년 상반기 한국 유튜브 최고의 성장방송은 J Pla라는 노래 커버 전문 가수였다.)

〈표 7〉 유튜브에서 주목받고 있는 방송 콘텐츠

야기를 나누며 시간을 보낸다. 몇 초만 말이 없어도 심각한 방송사고로 규정되는 기존 미디어에서 이런 기획안을 냈다면 "미쳤다"는 소리를 듣거나, 아니면 그 순간 해당 조직에서의 경력이 끝날지도 모르겠다. 하지만 봇노잼 채널 구독자는 무려 34만 명에 달한다. 한국을 대표하는 이동통신사로 소셜미디어 역량을 지속적으로 키우기 위해 노력한 SK텔레콤의 유튜브 채널 구독자는 13만 명이다. 무경계 미디어에서는 이처럼 상상을 초월하는 아이디어로 대중들에게 영향을 끼치는 새로운 유형의 크리에이터들이 계속 나오고 있다.

미디어 채널 간 경계도 과거 미디어에서는 뚜렷했다. 즉, 신문과 방송은 별도의 메커니즘으로 만들어진 완전히 다른 정보 유통 채널이다. 하지만 무경계 미디어 세상에서는 이런 경계가 큰 의미가 없다. 네이버 블로그에 올린 글이 페이스북을 타고 새로운 고객을 만나고, 이걸 본 고객이 가공 영상을 만들어 인스타그램을 타고 유통되는 식이다. 특정 채널용으로 만들어진 콘텐츠가 특정 채널로

만 유통되는 과거 방식의 미디어에서는 상상하기 힘든 일이 벌어지고 있다.

또 기존 미디어는 특정 이성적 목적을 갖고 콘텐츠가 만들어졌기 때문에 이 목적을 달성하기 위한 이성적 콘텐츠들이 대중에게 큰 영향력을 끼쳤다. 반면, 무경계 미디어에서는 소비자들도 특정 목적을 갖지 않은 상태에서 습관적, 무의식으로 무경계 미디어를 소비하는 경우가 많기 때문에 이성보다는 즉각적인 반응을 불러오는 감성에 소구하는 콘텐츠들이 훨씬 큰 위력을 발휘한다.

미디어에서는 수용자들의 관심attention 자원이 제한되어 있기 때문에 편집과 큐레이션이 매우 중요한 가치를 창출한다. 그런데 이 메커니즘 역시 무경계 미디어에 완전히 달라졌다. 기존 미디어에서는 전문 편집자, 혹은 큐레이터가 정보를 걸러내는 역할을 한다. 하지만 무경계 미디어에서는 이 역할을 대중이 맡는다. 대중이 추천이나 공유를 통해, 혹은 '좋아요' 버튼을 눌러 정보를 스스로 편집하거나 큐레이션한다. 그리고 이렇게 대중들이 편집한 콘텐츠는 강력하게 연결된 네트워크를 타고 시간과 공간의 제약 없이 수많은 사람에게 영향력을 끼친다. 경계형 미디어에서는 편집을 담당하는 전문요원들이 편집과 큐레이션을 통해 대중에게 내보낼 정보를 취사선택한 후 고유의 유통채널에 콘텐츠를 내놓지만, 무경계 미디어에서는 이런 과정이 뒤바뀐다. 다수 대중이 어떤 제약 없이 콘텐츠를 생산하며, 이 가운데 대중들의 선택을 받은 콘텐츠가 다양한 네트워크를 타고 유통되는 방식이다. 일단 만들어진 콘텐츠의 변형도 기존 미디어에서는 패러디 등 아주 제한된 상황에서만 이뤄진다. 하지만 무경계 미디어에서는 원본 콘텐츠만큼이나 변형되거나 2차 가공된 파생 콘텐츠 시장이 급속히 커진다. 무경계 미디어 세계에서는 원본 콘텐츠에 전혀 새로운 관점에서의 상상력, 아이디어가 덧붙여지면서 미디어 생태계의 다양성이 커지고 있다.

기존 미디어에서는 사회에서 보편적으로 중요하다고 여겨지는 주제들이 대중의 관심을 모았다. 정치, 경제, 사회, 문화 등에서 주류 이슈가 자리 잡으면 많은 대중들이 관련 콘텐츠를 소비했다. 하지만 초연결 세상에서 비슷한 관심사와 취향, 선호도를 가진 사람들이 함께 연결되고 이들의 취향을 반영한 콘텐츠가 만들어지면서 극도로 다변화된 콘텐츠가 유통되고 있다. 소위 '오이코패스'로 불리는 '오이를 싫어하는 사람들의 모임'이 10만 명이 넘는 가입자를 모으며 서로 정보와 지식을 교환하는 등 과거 미디어 세계에서는 상상하기 힘든 세분화된 취향을 가진 사람들이 쉽게 네트워크로 연결되며 콘텐츠를 생산, 소비할 수 있는 시대다.

기존 미디어에서는 콘텐츠 소비와 관련해 시공간의 명확한 제약이 있었다. TV나 신문, 라디오 등을 통해 콘텐츠를 소비하려면 소비자들은 특정 시간과 특정 공간에 자신을 위치시켜야 했다. 무경계 미디어는 온라인화, 모바일화, 검색과 주문형 서비스 확산 등이 결합하면서 시공간의 제한을 무너뜨리며 언제 어디서나 원하는 시간에 콘텐츠를 소비할 수 있는 세상을 만들었다. 커뮤니케이션

방향도 극적으로 변했다. 경계형 미디어 시스템의 정보 흐름은 생산자에서 소비자 쪽으로 일방향으로 흘러갔다. 소비자가 생산자에게 피드백을 하기 위해서는 전화를 걸어 담당자를 찾거나, 독자투고 등 힘겨운 과정을 거쳐야 했다. 하지만 무경계 미디어에서는 양방향 소통이 너무나 쉽고 빠르게, 그리고 일상적으로 이뤄진다.

무경계 미디어의 이런 특징은 정보와 지식의 생산과 유통에 혁명적인 변화를 가져왔다. 특히 이런 변화는 권력, 즉 힘의 구조를 완전히 바꿔놓았다. 과거에는 콘텐츠 생산자가 소비자들에 비해 압도적 힘의 우위를 갖고 있었다. 하지만 무경계 미디어에서는 생산자도 콘텐츠를 만들어내는 여러 주체 중 하나일 뿐이다. 미디어 콘텐츠 생산과 유통과정에서 소비자 집단은 전례 없이 강한 영향력을 행사하고 있다. 과거 미디어에서는 콘텐츠 생산이나 편집, 큐레이션을 담당하는 소수의 사람들이 주도하는 기획의도에 따라 사회적 어젠다가 결정됐다. 하지만 무경계 미디어가 주도하는 세상에서는 대중들 스스로가 어젠다를 주도하는 자기조직화 현상이 지배하고 있다.

제품과 서비스를 만들어 파는 기업도 미디어의 변화에 직접적인 영향을 받고 있다. 제품과 서비스를 판매하고 소비자들의 선택을 받기 위해서는 결국 소비자들에게 제품과 서비스, 혹은 브랜드를 반드시 알려야 한다. 이 과정에서 미디어의 변화 양상에 직접적인 영향을 받을 수밖에 없다. 기업도 미디어 변화에 주목하며 고객과 새로운 관계를 맺어야 한다. 기존 방식의 경계형 미디어를 활용하는 역량만 갖고 있는 기업은 미래 성장 동력이 크게 제한될 수밖에 없다. 미래 세대, 특히 밀레니얼 세대는 이미 TV보다 유튜브 시청에 훨씬 많은 시간을 보내고 있다. 검색도 네이버나 구글이 아닌 유튜브를 주로 이용하고 있다. 이런 변화는 시간이 지날수록 더욱 가속화할 것이다.

현실 세계의 경영자들에게는 경계형 미디어와 무경계 미디어의 차이 그 자체보다는 실천적 의미가 더 중요하다고 판단된다. 실천적 의미를 탐색하면서 잊지 말아야 할 중요한 키워드는 바로 '호환성'이다. 과거 미디어를 주도했던 소위 4대 매체(신문, 방송, 라디오, 잡지)는 각각 명확한 차이점을 갖고 있다. 하지만 이 4가지 전통적인 미디어에 대한 기업 전략은 일맥상통했다. 소수의 생산자, 기획자들과 평소 좋은 관계를 유지하면서 이들이 관심을 가질 만한 메시지를 만들어 보도자료를 배포하거나, 돈을 주고 지면 혹은 시간대를 사서 광고를 내보내는 방식이 대표적이다. 기업 조직 내부에서 이성적으로 진지하게 고민하면서 메시지를 개발하고(이 과정에서 종종 광고기획사 등 외부 인력이 동원되기도 한다) 내부 위계조직의 의사결정 단계를 거쳐 필터링을 충분히 한 다음에 미디어 아울렛에 메시지를 내보내는 방식은 4대 매체 모두에 통용됐다. 4대 매체간 전략적 호환이 가능하기 때문에 실제 많은 기업의 커뮤니케이션 조직에서 잡지 담당자가 인사발령이 나서 방송을 맡는 형태의 인사이동이 매우 자연스럽다.

하지만 무경계 미디어는 경계형 미디어와 근본적으로 다르다. 따라서 경계형 미디어에서 통했던 전략이 효과가 매우 적거나 아예 통하지 않는 사례도 많다. 경계형 미디어에서 유용했던 전략은 무경계 미디어에서 호환성이 심각하게 떨어진다. 실제로 많은 기업들은 소셜 미디어로 대표되는 무경계 미디어의 영향력이 커지고 있음을 직감하고 새로운 미디어를 공략하기 위해 상당한 자원을 투자하고 있다. 기업들은 무경계 미디어를 통해 고객과의 접점을 형성하기 위해 별도의 전담조직을 설립해 운영하고 있다. 하지만 생각보다 성과는 미비하다. 막강한 자금력과 조직력을 갖고 있는 기업들도, 심지어 경계형 미디어 시스템에서 고객과의 커뮤니케이션과 마케팅에서 탁월한 역량을 갖고 있는 기업들조차 무경계 미디어에서는 유독 힘을 쓰지 못하고 있다. 반면, 자원이나 역량 측면에서 기업과 비교조차 할 수 없는 개인들이 무경계 미디어에서는 막강한 영향력을 행사하고 있다.

유튜브 구독자수를 보면, 유튜브가 자체적으로 운영하는 채널을 제외했을 때 퓨디파이라는 이름을 쓰는 스웨덴 청년의 게임 해설 채널이 6000만 명 이상의 가입자를 모으며 1위를 차지하고 있다. 반면, 탁월한 마케팅 역량을 갖고 있다는 평가를 받고 있는 기업들의 성적은 실망스러운 수준이다. 코카콜라의 유튜브 채널 가입자수는 200만 명, 나이키는 80만 명 수준에 그친다. 강력한 팬덤을 갖고 있는 애플도 600만 명 수준으로 유튜브 채널 가운데 100위 안에도 이름을 올리지 못한다. 무경계 미디어의 영향력이 지속적으로 커지고 있기 때문에 앞으로 이런 추세는 앞으로 더욱 가속화할 것이다. 기업들이 변화하는 트렌드를 반영하지 못하면 미래의 지속 가능성은 약화될 수밖에 없다.

왜 이런 일이 생겼을까. 대중들 스스로 생산과 편집을 주도하는 무경계 미디어 세상에서는 기존 전략이 호환되지 않기 때문이다. 기존 미디어 세상에서 강력한 마케팅 파워를 갖고 있던 기업들은 '관성inertia' 탓에 과거 방식 그대로 무경계 미디어를 상대하고 있다. 이런 접근은 무경계 미디어에서의 영향력 저하뿐만 아니라 심각한 위기까지 초래할 수 있다. 심각한 사업적 위기를 보여주는 대표적인 사례가 뱅크오브아메리카BOA다. BOA는 지난 2011년 직불카드 이용 고객에게 매달 5달러의 수수료를 부과한다고 발표했다. 과거 미디어 세상에서는 주요 언론사의 금융기업 담당 데스크와 취재기자들에게 필요성을 강조하면서 무난하게 수수료 부과를 실행할 수 있었을 것이다. 그런데 전혀 예상치 못한 복병이 나타났다. 한 20대 여성이 페이스북에 BOA 수수료 부과방침을 비난하며 신용협동조합으로 계좌를 옮기자는 캠페인을 시작한 것이다. 이 여성의 페이스북 친구는 500명에 불과했다. BOA, 그리고 BOA가 직간접적으로 영향력을 행사할 수 있는 기존미디어 네트워크의 영향력과 비교하면 이 여성의 영향력은 그야말로 '새발의 피' 수준이었다. 하지만 새로운 무경계 미디어 환경에서 20대 여성의 캠페인은 친구 500명에 그치지 않았다. 친구 500명과 네트워크로 연결된 또 다른 친구들이 가세하면서 캠페인은 들불처럼 순식간에

퍼져나갔다. 결국 BOA는 수수료 부과방침을 취소했다. 하지만 이미 60만 명이 계좌를 신용협동조합으로 옮겨버렸다. 미디어에 대한 기존 전략을 고수하다가 엄청난 사업적 피해를 입게 된 것이다.

그렇다면 새로운 무경계 미디어 세상에는 어떤 전략으로 대응해야 할까. 전혀 새로운 전략이 필요한 상황에서 방탄소년단의 소통 전략은 경영자들에게 새로운 통찰을 제공한다.

방탄소년단의 미디어 파워와 거대 콘텐츠

방탄소년단은 엄청난 콘텐츠를 생산해 유튜브, 소셜미디어 등 다양한 미디어를 통해 제공한다. 팬들 사이에서는 유튜브에 'BTS'라는 검색어를 넣는 순간 게임이 끝난다는 말이 돌 정도다. 유튜브에서 BTS를 검색하는 순간 방대한 콘텐츠를 만나게 되고 이런 '떡밥'의 유혹에 한 번 빠져들면 계속 시간을 보낼 수밖에 없다는 것이다. 실제 방탄소년단은 데뷔 초부터 '마르지 않는 떡밥' 전략, 즉 앨범제작 등으로 인해 대중들 앞에 나서지 않는 공백기에도 꾸준히 콘텐츠를 제작해 다양한 채널로 방송했다. 그리고 팬들은 방탄소년단의 오리지널 영상을 재가공/재생산한 콘텐츠를 생산, 방송하고 소위 리액션 영상이나 안무 커버 영상을 만들어 배포하면서 방탄소년단에 대한 관심도를 높이는 선순환 구조를 만들었다. 이런 노력 덕분에 2018년 가장 많이 성장한 K-pop 채널 1위와 3위

구분	인원수	기타
유튜브 youtube.com	28,000,000명	국내 연예기획사 중 1위
브이앱 vlive.com	10,400,000명	브이앱 아티스트 중 1위
트위터 twitter.com	17,000,000명	한국인 최초 1500만 돌파, 2017년 트위터에서 세계에서 가장 많이 언급된 인물 BTS (도널드 트럼프와 저스틴비버 관련 트윗량 합친 것의 2배)
facebook https://www.facebook.com/bangtan.official/	7,500,000명	공식 보도자료나 사진 제공
공식카페 http://cafe.daum.net/ BANGTAN	1,1000,000명	다음카페에 개설된 공식 팬클럽
웨이보	1,400,000명	중국 SNS

〈표 8〉방탄소년단 미디어 팔로워 현황 (2018.9 기준)

[그림 11] 2018년 상반기 급성장 유튜브 채널

를 방탄소년단이 차지했다. 1위를 기록한 ibighit는 소속사 공식채널로 방탄소년단 뮤직비디오가 제공되는 채널이다. bangtan TV는 방탄소년단이 찍은 자체 예능프로그램이나 공연장 뒷이야기, 멤버들이 찍은 로그, 에피소드 등을 올리는 채널이다. ibighit는 2018년 7월 1000만 구독자를 돌파했다. 유튜브 등을 통해 강력한 미디어 파워를 형성한 셈이다.

많은 전문가들은 방탄소년단의 글로벌한 성공 요인에 대해 SNS를 잘 활용한 덕분이라고 분석한다. 하지만 불행하게도 이런 분석은 지나치게 평면적이고 실무적인 측면에서 교훈도 주지 못한다. 대중예술가 가운데 소셜 미디어에 신경을 쓰지 않는 사람은 거의 없다. 소셜미디어의 팔로어나 구독자 숫자가 사업적 성과와 직결된다는 점을 모두가 알고 있기 때문이다. 많은 팬들은 설령 유튜브 같은 채널이 존재하지 않았다 해도 다른 어떤 수단을 동원해서라도 방탄소년단은 팬들과 진심으로 소통하는 데 성공했을 것이라고 말한다. 수많은 대중예술가들이 SNS를 활용하고 있지만 방탄소년단만큼 글로벌 시장에서 성과를 낸 사례는 없다. 특히 한국어로 소통했다는 점에서 더욱 전례를 찾기 힘들다. 방탄소년단은 무경계 미디어 세상에서 국경을 뛰어넘어 팬들과 소통에 성공하면서 독보적인 베스트 프랙티스를 구축했다. 이는 다음 두 가지 요인 때문에 가능했다. 이 두 가지 요인은 무경계 미디어를 통해 고객과 새로운 관계를 구축하고 싶은 경영자들에게 큰 교훈을 준다.

① 진심으로 팬을 중시하다

일반적으로 스타와 팬과의 관계에서 자칫 스타는 팬 위에 군림할 수도 있다. 팬들의 숫자는 많고, 스타는 바쁜 일정을 소화해야 하기 때문에 수평적 관계를 유지하기란 쉽지 않다. 그래서 많은 팬들은 스타를 만날 때 '을'의 입장이 되곤 한다.

기업도 마찬가지다. 과거 경계형 미디어가 지배하는 세상에서는 생산자와 소비자가 명확하게 구분되어 있었다. 그리고 생산자는 제품이나 서비스, 혹은 콘텐츠의 제작 방향, 내용, 구성 등을 결정하는 막강한 권한을 갖고 있었다. 소비자는 생산자들이 만들어 낸 제품 가운데 원하는 제품을 선택하는 형태의 아주 제한된 권한만 갖고 있었다. 한마디로 생산자는 '갑', 소비자는 '을'이었다. 하지만 모두가 생산자이자 소비자이며 편집자인 무경계 미디어에서 소비자는 더 이상 '을'이 아니다. 힘의 균형이 완전히 새롭게 재편되고 있다.

특히 소비자는 무경계 미디어를 활용해 네트워크로 강하게 연결되어 있다. BOA 사례에서 알 수 있듯이 연결된 소비자는 생산자, 혹은 미디어 기업과 대등한, 때로는 더 강력한 힘을 발휘할 수 있다. 과거 경계형 미디어에서 500명의 친구를 가진 한 여성은 아무런 힘이 없었지만, 무경계 미디어에서는 친구의 친구를 타고 정보가 급속히 유통되기 때문에 한 개인도 수백만 명에게 영향력을 행사할 수 있다.

방탄소년단이 무경계 미디어 시대에 고객과의 소통에서 놀라운 성공을 거둘 수 있었던 핵심 요인은 진짜, 진심으로 고객을 중시했다는 것이다. BTS 멤버들은 자신들의 고객인 팬들의 삶이 지금보다 더 나아지기를 진심으로 바라고, 고객들이 진짜 위로를 받고 희망을 찾을 수 있으면 좋겠다고 생각하며 음악활동을 해왔다. 방탄소년단이란 이름도 이런 이유 때문에 만들었고, 실제 음악에서도 이런 철학을 반영했다. 이는 다양한 미디어를 통해 고객들과 만날 때도 고스란히 적용됐다.

물론 우리는 고객을 잘 케어하지 않는다고 공식적으로 입장을 표명하는 조직은 세상에 없다. 모두가 고객을 위해 열심히 일한다고 생각한다. 하지만 많은 조직들은 때론 경제적 이익을 위해 고객들의 이익을 희생할 때도 있다. 또 고객들이 돈을 지불하는 순간까지 최선을 다하다가 돈을 지불하고 물건을 구매한 이후부터는 고객에 대한 관심을 덜 기울이는 사례도 많다. 고객의 입장에 깊게 공감하기보다는 기업 내부의 위계 문제를 더 중시하기도 한다. 고객을 모시기보다 상사를 잘 모셔야 성공하는 조직이 훨씬 많기 때문에 어떤 조직에서는 고객과의 약속을 뒤로 미루고 이 시간에 상사를 위한 자료를 만들기도 한다. 조직 내에서 이뤄지는 많은 의사결정은 고객가치 창출보다는 위계질서 유지, 혹은 상사의 선호도에 기초해서 이뤄지는 경우가 다반사다.

방탄소년단은 이런 점에서 다르다. 실제 고객들은 방탄소년단의 진심을 느끼고 있다. 보통 아이돌 팬들은 다른 아이돌 팬으로 활동하다가 새로운 아이돌이 등장하면 갈아타는 경우가 많다. BTS 팬들 가운데 과거 다른 아이돌 팬이었던 경우가 적지 않다는 얘기다. 따라서 많은 팬들은 다른 아이돌에 대해서도 잘 알고 있다. 방탄소년단에 입덕한 팬들은 다른 아이돌과 방탄소년단의 차이를 실제로 느끼게 된다. 한 방탄소년단 팬은 이런 글을 남겼다. "많은 가수들을 좋아해봤지만 가수가 나를 더 좋아한다는 느낌을 받은 건 처음이에요."

실제로 방탄소년단은 기회가 있을 때마다 팬클럽 아미ARMY에 대한 애정과 사랑을 표현한다. 아미 덕분에 성공할 수 있었다는 진심어린 마음을 갖고 있고, 모든 접점에서 이런 진심을 표시한다. 모든 시상식에서 가장 큰 고마움을 표시하는 대상은 바로 아미다. 어떤 아이돌 그룹은 소속사 사장이나 스텝 등에게 먼저 감사를 표하기도 하고, 심지어 팬덤에 대해 언급을 하지 않는 경우도 있다 어떤 아이돌은 시상식이나 무대에서 자신의 이성 친구에게 보내는 특별한 포즈를 취하며 애정을 보여주는 경우도 있다. 모를 것 같지만 연예인들의 사소한 행동에 대해 큰 관심을 갖고 있는 팬들은 평소와 다른 이런 행동을 금방 알아낸다. 이런 모습을 보면 팬들은 자신이 보낸 애정을 사적으로 사용하고 있다는 불편한 감정을 가질 수밖에 없다. 그리고 일부 팬들은 이런 모습을 '짤방' 같은 콘텐츠로 제작해 소셜미디어를 통해 수많은 사람에게 유포할 수도 있다. 이 과정에서 소수의 팬이 경험한 불편한 감정이 눈덩이처럼 불어나 수많은 팬들에게 확산될 수 있다.

하지만 방탄소년단은 상을 받을 때마다 아미에게 진심어린 감사

인사를 보낸다. 그 표현도 강력하다. "몇 백 번 말해도 부족할 정도로 사랑한다.", "상을 받게 해준 아미 감사한다.", "믿고 응원해준 아미 감사하고 사랑한다." "아미가 상을 만들어줬다.", "저희가 받는 모든 상은 아미와 함께 받는 상이다.", "아미가 있어서 살아갈 수 있다." 등 강력한 표현들이 각종 시상식에서 나오고 있다. 유튜브에는 시상식에서 BTS 멤버들이 아미에 감사 인사를 한 내용을 편집해서 보여주는 영상들도 많이 게시돼 있다.[56] 빌보드 시상식에 참석하러 가는 비행기 안에서도, 기자회견장에서도, 대기실에서도, 숙소에서도 기회가 있을 때마다 아미에 감사하는 마음과 애정을 표현하고 있다. 특히 2018년 빌보드 시상식 이후 수많은 글로벌 팝스타들과의 화려한 파티에 방탄소년단은 참여하지 않았다. 대신 팬들과 인터넷 LIVE 방송으로 만나 수상의 기쁨을 함께 나눴다.

고객을 중시한다고 누구라도 말할 수 있다. 하지만 "고맙다는 말보다 더 고마운 말이 없는 게 화가 난다", "너무 사랑해줘서 다음 생에 태어나면 받을 사랑이 없을 수도 있겠다", "진짜 여러분이 없으면 저희는 없는 거나 마찬가지다", "멀어져 간다면 제가 또 다가갈게요" 같은 표현은 진심 없이 나오기가 쉽지 않다. 물론 탁월한 작가를 고용해서 이런 표현을 몇 번 만들 수는 있다. 하지만 진심이 없으면서도 언제 어디서나 일관되게 이런 식의 말을 하기란 정말 어렵다. 게다가 일상의 수많은 모습들이 기록되고 가공되고 유포되는 무경계 미디어 세상에서 진심과 다른 말을 했다가 언젠가는 가식과 위선이 드러날 확률이 매우 높다. 특히 방탄소년단은 다양한 무경계 미디어를 통해 엄청난 양의 콘텐츠를 만들어내며 많은 일상을 공유하고 있는데 팬들과의 소통 과정에서 진심 없이 가식만으로 고객 지향성을 지속적으로 유지하는 것은 사실상 불가능하다.

팬들을 진심으로 중시하는 마음은 BTS 멤버들의 행동을 통해서 자연스럽게 드러나고 있다. 방탄소년단이 광범위한 대중적 인기를 얻기 전이라고 볼 수 있는 2014년에 음반 발매 기념 팬사인회가 열렸다. 이 행사에서 한 팬은 "돈 많이 벌면 팬들에게 소고기 사 줄 거냐?"고 질문했고 BTS 멤버 슈가는 "2018년 3월 9일에 사주겠다"고 대답했다. 2018년쯤이면 유명해져서 돈도 많이 벌 수 있을 것이란 희망에서 한 말로 추정된다. 3월 9일은 슈가의 생일이다. 4년 동안 많은 일이 벌어졌기 때문에 잊을 법도 한 일이다. 하지만 2018년 3월 9일이 되자 슈가는 '아미' 이름으로 보육원에 수천만 원어치의 한우와 직접 사인한 CD를 기부했다. 빅히트 측은 "슈가가 3월 9일인 자신의 생일에 맞춰 39곳의 보육원에 '아미' 이름으로 한우를 기부했다"고 밝혔다.[51] 농담으로 넘길 수도 있고 기억하는 사람도 거의 없었지만 스스로 팬들과의 약속에 대해 큰 의미를 부여했고, 4년이 지났지만 잊지 않고 약속을 실천한 것이다. 팬들과의 관계를 실제로 중시하지 않았다면 나오기 힘든 에피소드다.

Anpanman

솔직하게

무서워 넘어지는 게

너희들을 실망시키는 게

그래도 내 온 힘을 다해서라도

나 꼭 너의 곁에 있을게

다시 넘어지겠지만

또다시 실수 하겠지만

또 진흙투성이겠지만

나를 믿어 나는 hero니까

....

계속 몰래 몰래 상처 만땅

But ballin' ballin' still 방탄소년단

아파도 hero 두려움은 뒤로

Anpanman panman panman

〈2018 LOVE YOURSELF 轉 'Tear' 앨범 中〉

BTS에게 아미의 존재가 이렇게 중요하기 때문에 실제 이들의 음악에도 팬들에게 전하는 메시지가 자주 담긴다. 순전히 팬들을 위해 만든 노래도 있다. 〈Pied Piper〉가 대표적이다. BTS에 많은 시

간을 투자하는 팬들에게 상을 주기 위해 이 노래를 만들었다고 가사에 쓰여 있다. '하멜린의 피리 부는 사나이Pied Piper of Hamelin'라는 독일 전래 동요에서 제목을 차용한 이 노래에는 피리 부는 사나이를 따라갔던 어린 아이들처럼 BTS의 위험한 매력 때문에 팬들은 따라올 수밖에 없다는 내용을 담고 있다. 또 다른 노래 〈Anpanman〉도 마찬가지다. 앙팡맨은 일본 애니메이션 호빵맨 시리즈의 주인공으로 탄탄한 근육이나 초능력을 갖지 못한 세상에서 가장 약한 영웅을 상징한다. 애니메이션에서 앙팡맨은 배가 고픈 사람에게 단팥빵으로 된 자신의 머리를 떼어준다는 설정을 하고 있다. 방탄소년단은 자신들이 슈퍼히어로가 아니라 몰래 뒤에서 자주 상처받고 팬들을 실망시키는 게 두려운 나약한 영웅이라고 말한다. 하지만 호빵맨처럼 머리를 떼서라도 나눠주고 싶다는 마음을 전한다.

방탄소년단은 팬카페 활동에도 적극적이다. 방탄소년단은 수많은 무경계 미디어에서 콘텐츠를 만들고 있지만 팬카페 활동을 소홀히 하지 않는다. 이성적으로 판단해보면 제한된 인원들만 볼 수 있는 팬카페에 글을 올리는 것은 트위터 등 수많은 대중들에게 노출되는 다른 미디어에 글을 올리는 것에 비해 투입 대비 효과가 적다고 볼 수 있다. 많은 기업들은 커뮤니케이션을 할 때 가성비를 따지지만, 방탄소년단은 팬카페에서 팬들이 남긴 글에 직접 댓글을 달거나 수평적으로 소통하는 게 전혀 낯설지 않다.

일반적으로 팬들은 스타들에게 생일을 챙겨준다. 하지만 방탄소년단은 팬들에게 정기적으로 생일 축하 파티를 열어준다. 팬덤의 규모가 크기 때문에 매일 생일 축하를 해줄 수는 없다. 따라서 한 달에 한 번씩 그 달에 생일인 팬들을 위한 이벤트를 개최한다. 멤버 전원이 참여해 축하 선물로 때로는 그림을 그려주기도 하고, 때로는 노래를 만들어주기도 한다. 손편지를 쓰거나 시를 쓰는 경우도 있다. 그리고 그 내용을 보면 회사에서 시켜서 어쩔 수 없이 하는 게 아니라는 것을 알 수 있다. 팬들을 향한 진심이 담겨 있다는 것을 알 수 있다. 방탄소년단의 경우 충분히 갑의 위치에서 대접받거나 군림할 수 있는 위치에 있지만 항상 수평적인 관계로, 자신을 최대한 낮추기 위해 노력하면서 팬들과 만나고 있다.

콘서트 취소와 관련한 일화도 방탄소년단의 이런 자세를 잘 보여준다. 방탄소년단은 2015년 12월 일본 고베에서 콘서트를 열기로 했다. 하지만 멤버 슈가와 뷔의 건강이 갑자기 악화돼 공연을 취소할 수밖에 없었다. 회사 측은 고객들에게 콘서트 비용을 환불하고 사과를 했다. 보통 이 정도로 돌발 상황을 수습하면 된다고 생각하는 조직들이 대부분이다. 하지만 방탄소년단은 여기서 그치지 않았다. 멤버 슈가는 개인 휴가를 내서 고베에 다녀왔다. 그리고 진심 어린 글을 트위터에 올렸다. 콘서트가 취소되고 나서 악몽에 자주 시달렸으며 실망했을 팬들의 설렘 슬픔 분노 안타까운 감정을 조금이라도 이해하기 위해 고베 콘서트홀 티켓 부스를 방문했다는 내용이었다. 자신의 몸이 부서지더라도 팬들에게 실망감을 안기지 않겠다는 다짐과 진심 어린 사과 메시지도 담고 있다. 팬들 위에 군림하려는 마음이 조금이라도 있었다면 이런 진심 어린 사과가 나오기는 힘들었을 것이다.

방탄소년단이 새로운 미디어와 역학 관계의 변화를 감지하고 치밀하게 고객관계 전략을 수립한 것은 아닐 것으로 추정된다. 좋은 인성을 가진 멤버들이 자율적으로 무경계형 미디어를 활용하면서, 여기에 소속사의 소통 확대 정책이 맞물리면서 나온 결과라고 생각한다. 어쨌든 방탄소년단은 진심으로 고객을 중시하는 마음을 갖고 수평적, 혹은 겸손하게 자신을 낮추는 자세를 유지했다. 너무나 많은 조직들이 고객을 진심으로 위한다고 말하지만 방탄소년단만큼 모든 활동에서 이런 마음을 갖고 말하고 행동하며 실천하는 조직은 찾기 힘들다. 가장 쉬운 이야기일 수 있지만 가장 실천하기 어려운 덕목이다.

② 즐거움을 주는 존재가 되다

일반적으로 많은 대중예술가들은 무경계 미디어를 활용할 때 일상의 모습을 보여주기 위해 노력한다. 연예인들이 식사하고 친구를 만나고 여행을 가는 것은 대중들이 관심을 갖고 있는 흥미로운 콘텐츠임에 틀림없다. 방탄소년단도 일상의 다양한 모습을 보여준다. 하지만 방탄소년단은 다른 대중예술가들과 차별화된 특징이 있다. 고객들을 즐겁게 하기 위한 콘텐츠 제작에 최선의 노력을 다한다는 점이다. 즐거움은 감정과 관련한 이슈다. 앞서 무경계 미디어에서 이성보다는 감정이 훨씬 강한 영향력을 행사할 수 있다고 언급했다. 방탄소년단은 고객에게 재미, 감동, 즐거움 등의 가치를 주기 위해 엄청난 노력을 기울이고 있다. 많은 기업들은 무경계 미디어에서도 여전히 과거 경계형 미디어와 같이 광고 메시지를 중심으로 고객과 소통하고 있다. 하지만 무경계 미디어에서는 재미 등 감정을 자극하는 요소가 빠지면 고객들의 반응을 유발하기 힘들다. 심지어 노골적으로 광고메시지를 담고 있다 하더라도 재미가 있다면 무경계 미디어 소비자들은 이런 콘텐츠를 공유하며 영향력을 확대시켜준다. 가급적 노골적 광고 문구를 숨기면서 광고 아닌 척하는 기존 관행에서는 이해하기 힘든 현상이지만, 무경계 미디어는 재미와 즐거움이란 감정적 요소가 무엇보다 중요하다.

　방탄소년단이 만든 콘텐츠의 종류를 보면, 방탄소년단이 고객을 즐겁게 해주기 위해 얼마나 많은 노력을 했는지 금방 알 수 있다. 방탄소년단은 팬들을 위해 음악을 정기적으로 추천해주기도 한다. 또 입은 옷을 소개해주며 흥미를 자극한다. 탁월한 춤 실력을 가진 제이홉은 댄스 연습 장면도 공개한다. 춤에 관심을 가진 고객이라면 흥미를 가질 만하다. '화개장터'라는 만담 콘텐츠도 제작해 유튜브에 올렸다. 부산 출신 멤버가 서울말을 배우는 과정을 담은 유튜브 영상도 수시로 올라온다.

　심지어 영화도 만들었다. 바로 《골든 클로젯 필름》이다. 《GCF :

Golden Closet Film》은 방탄소년단 멤버 정국이 만든 단편 영상으로, 골든 클로젯Golden Closet은 정국이 옷방 구석에서 음악을 만들곤 했는데 이 작업실의 이름이다. 2017년 정국은 휴가를 맞아 방탄소년단 멤버 지민과 함께 도쿄로 개인적 휴가여행을 떠나는데 여기서 정국은 지민을 피사체로 단편 영상을 촬영한 후 돌아와서 편집과 자막, 음악작업 등을 완료하고 팬들을 위해 유튜브에 단편영화를 올렸다. 이 영상은 팬들에게 가장 충격을 안겨준 '떡밥'으로 통한다. 이후 GCF 오사카, GCF USA, GCF SAIPAN 등 직접 만든 단편영상을 지속적으로 올리고 있다. 누구도 시키지 않았지만

팬들을 위해 정국 스스로 촬영과 편집을 한 열정에다 개인 휴가를 팬들을 위해 할애했다는 점에서 팬들에게 깊은 인상을 남겼다. 영화의 완성도도 만만치 않다는 평가를 받았다. RM은 앨범 발매 후 앨범제작 에피소드 LIVE를 진행하며 앨범에 대한 팬들의 궁금증을 풀어준다.

또, 요리를 좋아하는 멤버 진은 먹방 '잇진' 시리즈를 제작해 올리고 있다. 맛있게 음식설명을 하면서 먹는 영상을 올리는데 팬들이 좋아하는 콘텐츠다. 이밖에도 메이킹필름(뮤직비디오 촬영 현장 스케치 영상), 에피소드(시상식이나 무대 연습장면이나 현장을 담은 영상), 방탄소년단밤(일상적 활동을 담은 영상), 번더스테이지(월드 투어에서 일어난 일을 리얼리티 형식으로 촬영한 프로그램으로 30분 분량의 영상 8편으로 구성), 안무영상(노래별 안무 연습 과정을 찍은 영상) 등 수많은 종류의 영상이 쉴 새 없이 올라오고 있다.

결국 팬들은 지루할 틈이 없다. 무경계 미디어에서 콘텐츠 영역은 무의미하다. 모두가 크리에이터인 시대에 자신의 흥미 관심사, 새로운 도전 등을 통해 고객과 만나는 시간 동안 최고의 즐거움을 주기 위한 노력은 독보적인 경쟁우위를 낳은 원천이 됐다.

방탄소년단은 2018년 9월 기준으로 1700만 명이 넘는 트위터 팔로어(한국 트위터 팔로워 1위, 2017 세계 트윗량 1위)를 확보하며 각종 신기록 행진을 이어가고 있기 때문에 트위터를 주로 활용하는 것처럼 보인다. 하지만 방탄소년단이 활용하는 매체는 여기서 그치지 않는다. 대표적인 무경계 미디어인 트위터와 유튜브는 물론이고 인터넷 팬카페, 브이라이브, 웨이보, 페이스북, 유튜브, 인스타그램(단체), 블로그, 사운드클라우드 등 그 수를 헤아리기 어려울 정도다. 콘서트나 팬사인회, 인터뷰 등을 통한 오프라인 접점에서 만들어지는 콘텐츠들도 다양한 미디어를 통해 확대 재생산된다. 방탄소년단이 활용하고 있는 미디어믹스의 다양성은 타의 추종을 불허한다. 앞서 팬들에게 즐거움을 주기 위한 노력과 방대한 미디어 믹스가 결합하면서 방탄소년단은 음악과 무대로 팬들을 '입덕' 시킨 후 콘텐츠로 출구를 봉쇄한다는 말이 나온다. 팬들 입장에서는 다른 콘텐츠를 소비할 시간이 없을 만큼 방대한 채널로 다양한 콘텐츠가 유통되고 있다. 방탄소년단이 활용하고 있는 주요 미디어는 다음과 같다.

① **유튜브** : 방탄소년단이 가장 많이 활용하는 미디어 중 하나인 유튜브에는 뮤직비디오가 올라오는 회사 공식 계정 ibighit와 다양한 콘텐츠가 올라오는 BANGTANTV계정이 있다. BANGTANTV에서는 방송국 수준의 다양한 프로그램으로 콘텐츠가 제공된다. 자체 제작 예능 프로그램인 〈방탄가요〉, 콘서트 투어 다큐멘터리 〈Burn the stage〉, 자체 제작 일상 리얼리티 〈방탄밤〉, 활동곡의 안무영상 〈BTS chronography〉, 촬영장 에피소드 〈BTS Episode〉, 멤버들이 직접 찍는 모놀로그 〈LOG〉 같은 다양한 동영상 콘텐츠 프로그램이 업데이트 된다. 특히 로그는 다른 멤버 없이 혼자서 촬영하기 때문에 촬영

당시의 생각과 느낌을 가감 없이 전달할 수 있다는 게 장점이다. 이런 형식의 콘텐츠는 다른 아이돌들이 시도한 적이 없기 때문에 신선하며 놀랍다는 평가를 받았다. 정기적, 비정기적 프로그램이 주 단위 이상으로 자주 제공된다.

② **팬카페** : 팬카페는 가입은 쉽지만 활동하기 위한 등업이 매우 어렵다. 카페 내에서 등급이 올라가려면 BTS 관련 퀴즈풀기나 앨범 구입 등 엄격한 조건을 충족시켜야 한다. 가장 열성적인 팬들이 모여 있는 공간이라고 볼 수 있다. 이 팬카페에서도 방탄소년단은 다음과 같이 다양한 형태의 소통을 하고 있다. 'From BTS'라는 코너를 통해 방탄소년단은 팬들에게 메시지를 보내고 있다. 생각보다 자주, 많은 글들을 여기에 올리며 소통한다. SNS는 불특정 다수가 볼 수 있는 공간이지만 팬클럽에는 충성도 높은 팬들만 모여 있기 때문에 메시지의 질과 내용이 다르다. 또 팬카페를 통해 생일 선물도 보내며 다양한 이벤트도 개최한다.

③ **브이앱** : 네이버가 연예인들이 팬들에게 실시간 방송을 할 수 있게 만든 플랫폼이 브이앱이다. 이 플랫폼에서 방탄소년단은 브이라이브(혼자 혹은 여러명의 멤버가 팬들과 라이브로 만나는 방송), **본보야지**(1년에 한 번 찍어서 2~3달 간 매주 방송하는 여행 리얼리티 쇼), **달려라 방탄소년단**(매주 화요일 제공되는 방탄소년단 자체제작

버라이어티 예능쇼로 30분 정도 진행됨. 일 년에 한 달 정도 음악 활동기에는 휴식) 등의 콘텐츠를 쏟아내고 있다. 빌보드 뮤직어워드 시상식 후 유명인과 파티 대신 브이라이브를 통해 팬들과 온라인으로 축하타피를 했는데 이때 활용한 플랫폼이 브이라이브다.

④ **채팅플러스(채팅)** : 브이앱에서 제공하는 채팅 툴을 이용한 채팅이다.

⑤ **트위터** : 일정이나 중요한 활동도 트위터를 통해 공개하지만 최근에는 사진이나 영상이 많이 올라오고 있다. 특히 일상의 모습이 대부분이다. 강아지랑 노는 모습, 멤버들이 휴식을 취하는 모습, 추천하는 노래, 오늘 어떤 옷을 입었는지 등 일상에서 찍은 수많은 사진과 간단한 영상, 메시지 등이 올라온다.

⑥ **사운드 클라우드** : 사운드 클라우드는 무료로 제공되는 음원 사이트다. 방탄소년단은 여기에 자체 계정을 만들고 전 멤버들이 만든 무료 음원을 제공한다. 방탄소년단은 보통 1년에 한 두번 발표되는 정규 앨범 외에도 멤버들 개인의 '믹스테입(무료 발매되는 앨범)'을 발매한다. 정규 앨범 외에 자신의 개성을 극대화한, 자신만이 하고 싶은 음악을 무료로 발매하며 음악적으로 소통하고 있다.

⑦ **인터뷰** : 방탄소년단에게 인터뷰는 언론사와의 소통이 아니라

팬들과의 소통에 가깝다. 팬들에게 전하고 싶은 메시지나 내용들을 언론과의 인터뷰를 통해 전하는 경우가 많다.

⑧ **웨이보** : 멤버들이 중국어로 이야기하는 영상이나 사진, 텍스트가 제공된다. 주로 안부 인사 등의 콘텐츠가 주류를 이룬다.

⑨ **페이스북** : 방탄소년단의 무대 후기, 일정이나 사진 등이 고화질로 제공된다. 소속사에서 운영하고 있다.

⑩ **인스타그램(단체)** : 공식적, 비공식적으로 일상 속에서 촬영한 다양한 사진들을 주로 올리고 있다.

콘텐츠 브랜드	내용	매체	형식	제작	빈도
RM Mucis	RM이 추천하는 음악	트위터	앨범이미지	본인	수시
김데일리	RM이 오늘 입은 의상을 소개하는 사진	트위터	이미지	본인	수시
잇진	요리와 먹는 것을 좋아하는 진의 본격 먹방, 가끔 멤버들이 같이 출연	유튜브/ 브이앱	영상	본인	수시
홉온더스트릿	제이홉의 자유댄스 방송	트위터	영상	본인	수시
화개장터	대구출신 슈가와 광주출신 제이홉의 만담 콘텐츠	유튜브	영상	멤버들	수시
만다꼬	부산출신 정국과 지민의 사투리 상황설명과 사투리 대화, 서울말 배우기 등	유튜브	영상	멤버들	수시

1분 영어	RM이 정국에게 영어 가르치는 영상	유튜브	영상	멤버들	수시
GCF : Golden Closet Film	정국이 직접 촬영하고 편집한 단편 여행 영상	유튜브	영상	본인	수시
태형이의 클래식	멤버 뷔가 클래식 음악을 틀며 팬들과 대화하는 콘텐츠	브이앱	영상	본인	수시
지진정	지민, 진, 정국이 함께 하는 브이라이브	브이앱	영상	멤버	수시
꿀FM	방탄소년단 생일에 실시하는 질문/대화 토크쇼	유튜브	영상	회사	년1회
방탄 회식	술과 음식으로 함께 회식하며 질문/대화하는 토크쇼	브이앱	영상	회사	년1회
Log	멤버들이 혼자 일기형식으로 촬영한 셀프캠, 반말이 특징	유튜브/ 블로그	영상	본인	년1회
달려라 방탄	무한도전식의 오락 콘텐츠 (주간 단위 방영)	브이앱	영상	회사	수시
BTS Episode	무대, 시상식 등의 뒷이야기	유튜브	영상	회사	수시
방탄 가요	가요를 주제로 한 오락 콘텐츠	유튜브	영상	회사	수시
BTS Festa	데뷔일 기념 축제 – FESTA 포스터 – 멤버들이 작성한 텍스트 컨텐츠 – 가족사진 : 생일마다 멤버들 단체사진 – FESTA만을 위한 신곡을 무료로 공개함 – 소규모 콘서트와 생중계 – 꿀 FM (토크쇼)	유튜브 브이앱 트위터 사운드 클라우드	종합 컨텐츠	회사	년1회 (2주간)
믹스테잎 (브랜드x)	멤버 1인의 정규앨범급 믹스테잎	sound cloud	음악	멤버	년1회
본보야지	멤버들끼리 떠나는 여행기 (시즌당 약10회)	브이앱	영상(유료)	회사	년1회

방탄 밤 Bangtan Bomb	대기실, 무대 뒤 등의 멤버들 짧은 영상	유튜브	짧은영상	회사	수시
번더스테이지	월드투어 콘서트 다큐멘터리 (총 8회)	유튜브	영상	회사	일시
프리뷰쇼	앨범 발매 직전 앨범 소개 라이브	브이앱	영상	회사	앨범 발매시
나우	콘셉트 사진집	화보집	화보집	회사	년1회
메모리즈	1년간 활동을 담은 영상집	DVD/ 블레	영상	회사	년1회
썸머페스티발	여름휴가 콘셉트의 영상, 사진집	화보/DV	사진/영상	회사	년1회
컨셉북	화양연화 콘셉트를 설명, 사진집	화보책	화보책	회사	일시

〈표9〉 방탄소년단 콘텐츠 브랜드 리스트

그밖에도 블로그, 오피셜샵, 유니쉐프와 함께하는 End Violence 캠페인 페이지 등 다양한 미디어를 통해서 다양한 콘텐츠로 팬들과 접하고 있다. 방탄소년단 콘텐츠의 특징은 콘텐츠가 브랜드화되어 있다는 점이다.

콘텐츠의 위력 : 팬과 함께 동반자가 되다

방탄소년단은 진심으로 고객을 위한 마음을 갖고 있으면서 고객에게 즐거움을 주기 위해 엄청나게 방대한 콘텐츠를 생산했고, 또 다양한 미디어를 활용해 이를 전파했다. 결국, 고객들 입장에서는 가족이나 친척, 이웃보다 더 자주 방탄소년단과 접촉하게 되고, 더 많은 시간을 함께 하는 대상이 되고 있다. 실제 JTBC의 시사 프로그램인《이규연의 스포트라이트》가 전 세계 아미 7만여 명을 대상으로 조사한 결과, 팬들의 방탄소년단 콘텐츠 시청 시간이 하루 1~2시간인 경우가 13%, 3~5시간은 36%, 6~7시간 28%에 달했다. 10시간 이상도 23%나 됐다. 표본의 대표성, 조사의 객관성이나 신뢰성 등이 어느 정도인지 확인할 수는 없지만, 적어도 방탄소년단에 입덕한 팬들의 상당수는 엄청난 시간을 들여 방대한 콘텐츠를 소비하게 된다는 점은 분명한 것으로 보인다.

이런 엄청난 시간 점유는 아미를 방탄소년단과 함께 가치를 창출하는 동반자로 만들었다. 방탄소년단의 팬클럽 아미는 다른 아이돌 그룹의 팬덤과 구분되는 몇 가지 특징을 갖고 있다. 일반적으로 아이돌 그룹을 좋아하는 팬들은 여러 멤버 가운데 특정 멤버 한

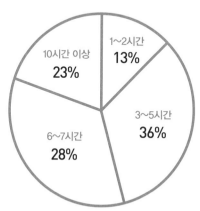

[그림 12] 아미들의 방탄 컨텐츠 시청시간 [출처 : JTBC 이규연의 스포트라이트]

명을 좋아한다. 만약 자신이 좋아하는 멤버가 팀 내 다른 멤버에 비해 주목을 받지 못하거나 활약상이 부족하면 불편한 감정을 느끼는 경우가 많다. 같은 팀의 멤버라도 일종의 경쟁 관계가 생겨나는 것이다. 하지만 방탄소년단의 팬클럽 아미는 다르다. 팬들 사이에서는 모든 멤버를 좋아해야 한다는 무언의 공감대가 있다. 물론 대부분의 팬들이 자신이 좋아하는 특정 멤버가 있지만 다른 멤버들에도 관심을 가지려고 노력한다. 질투심이나 경쟁심 같은 걸 가져서는 안 된다는 생각이 지배적이다.

또 다른 특징도 있다. 아이돌 그룹의 글로벌화가 진행되면서 해외 팬덤이 생겨난 경우가 많다. 그런데 한국 팬덤과 해외 팬덤은 어느 정도 경쟁 관계를 갖고 있다. 예를 들어 일본 팬덤이 커져 아이돌 그룹의 일본 활동이 많아지면 한국에서 해당 아이돌을 볼 기회가 줄어든다. 따라서 해외 팬덤이 커지는 게 마냥 좋은 일만은 아니다. 그래서 글로벌 팬덤 사이에 긴장 관계가 형성되곤 한다. 하지만 아미는 다르다. 글로벌 팬덤 사이에 강력한 협력이 이뤄지고 있다. 예를 들어 2018년 5월 'THOS Awards2018 in Spain'의 팬덤 투표에서 BTS가 1위를 차지했는데, 투표가 진행된다는 소식이 스페인 아미를 통해 알려지자 전 세계 아미들이 해시태그로 이를 알리고 투표에 참여했다. 이런 식의 글로벌 협업 등에 영향을 받아서인지 한국에서 시작됐던 독특한 팬덤 문화(집단 응원 구호나 떼창 등)가 전 세계로 확산됐다. 빌보드 시상식장에서 미국 아미들이 일사불란한 구호와 한국어 '떼창'을 불러서 방탄소년단 멤버들은 한국 공연장에 와있는 듯한 편안함을 느꼈다고 말할 정도다.

방탄소년단은 초반부터 급성장한 그룹이 아니다. 작은 기획사에서 출발해 한 발 한 발, 계단식으로 성장했다. 이 과정에서 수많은 안티팬과 헤이터들의 견제가 있었다. 수많은 루머와 악플 세례를 받았는데 이때마다 아미가 전면에 나서서 고통을 같이 나누고 헤이터들과 싸워줬다. 방탄소년단은 아미의 방패가 되고자 했고, 아미는 방탄소년단의 방패를 자청했다. 이런 경험은 방탄소년단이 팬들을 위해 만든 노래 〈2!3!〉에 녹아있다.

2! 3!

꽃길만 걷자

그런 말은 난 못해

좋은 것만 보자

그런 말도 난 못해

이제 좋은 일만 있을 거란 말

더는 아프지도 않을 거란 말

그런 말 난 못해

그런 거짓말 못해

괜찮아 자 하나 둘 셋 하면 잊어

슬픈 기억 모두 지워 내 손을 잡고 웃어

괜찮아 자 하나 둘 셋 하면 잊어

슬픈 기억 모두 지워 서로 손을 잡고 웃어

그래도 좋은 날이 앞으로 많기를

내 말을 믿는다면 하나 둘 셋

....

무대 뒤 그림자 속의 나, 어둠 속의 나

아픔까지 다 보여주긴 싫었지만

나 아직 너무 서툴렀기에

웃게만 해주고 싶었는데

잘 하고 싶었는데

(So thanks) 이런 날 믿어줘서

이 눈물과 상처들을 감당해줘서

(So thanks) 나의 빛이 돼줘서

화양연화의 그 꽃이 돼줘서

〈2016 WINGS 앨범 中〉

아미는 방탄소년단과 아픔만 공유한 게 아니다. 적극적으로 나서 방탄소년단을 보호하는 활동도 자발적으로 전개하고 있다. 2018년 한 팬은 방탄소년단 공식 팬카페에 청원을 올렸다. 악플러들에 대해 빅히트엔터테인먼트가 고소를 해달라는 내용이었다. 며칠간 팬카페에서 수만 명의 팬들이 청원에 참여했고 결국 빅히트는 악플러를 적극 고소하겠다는 공지를 올렸다. 이 공지가 올라온 후 각종 커뮤니티와 게시판에 방탄소년단을 비난하는 악플러의 글들이 순식간에 사라졌다. 공식 팬카페에서 청원 글을 올리고 이에 동조하는 것은 팬카페 운영 규칙 위반으로 회원 등급 강등이란 처벌을 받게 된다. 회원 등급을 올리기 위해서는 굉장히 많은 요구조건을 충족시켜야 한다. 등급이 내려가면 팬클럽 활동에 많은 제약을 받게 되기 때문에 팬들 입장에서는 상당한 피해를 감수하면서도 청원에 나선 것으로 볼 수 있다.

아미는 혼란을 막기 위해 스스로 질서와 규칙을 만들어 캠페인을 전개하는 자율형 조직이다. 일반적으로 출입국하는 스타들을 보기 위해 공항에 많은 팬들이 몰려 인산인해를 이루는 경우가 많다. 조금 더 가까이서 스타를 보고 싶은 사람들이 많기 때문에 유명인이 출입국을 할 때에는 공항의 안전사고까지 우려되는 상황이 자주 발생하곤 한다. 이에 미국 아미들은 퍼플리본 캠페인을 진행했다. 2018년 빌보드시상식에 참석하기 위해 LA 공항에 방탄소년단이 도착하자 아미들은 보라색 리본을 묶어 마이 폴리스라인처럼 연결해서 방탄소년단 멤버들의 이동 동선을 확보하고 질서도 유지했다. 보라색은 아미의 상징 색이다. 미국 아미는 '퍼플리본캠페인'이라는 이름으로 리본 유지 방법과, 공항 스태프를 존중해야 한다는 내용 등을 담은 구체적인 행동 지침도 스스로 마련해 팬들에게 전달했다. 한국 아미들도 '아미공항안전캠페인' 포스터를 만들어 배포했다. 이 포스터에는 공항에서는 안전거리를 유지하고 소리를 지르거나 신체접촉을 하지 말자는 내용 등을 담고 있다.

어떤 상황에서는 마치 기업 조직처럼 특정 목표를 설정하고 달성 방법을 정해 행동에 나서기도 한다. 이 모든 활동이 회사의 기획과 통제로 이뤄지는 게 아니라 아미 내부에서 스스로 아이디어를 내고 스스로 실행하는 형태로 움직이고 있다. 예를 들어 미국 아미들은 2017년 〈MIC Drop〉이란 방탄소년단 노래가 미국에서 좋은 반응을 얻자 이 노래를 빌보드 핫100차트 10위권에 진입시키겠다는 KPI(핵심성과지표)를 세웠다. 그리고 이런 목표 달성을 위한 구체적인 행동 방침을 만들어 아미에게 배포하고 실행에 옮겼다. 이 지침에는 △아이튠즈와 구글플레이, 아마존에서 음원 구입 △유튜브 뮤직비디오 스트리밍 재생 △스포티파이와 애플뮤직 구글플레이뮤직에서 스트리밍(150번 스트리밍은 1번 다운로드로 계산됨) △라디오에 신청곡 보내기 등이 포함돼 있다. 또 소셜 아티스트상 수상을 위해 △트위터 BTS 계정 팔로우 및 리트윗 △인스타그램 계정 팔로우 및 게시물에 의견달기 △유튜브 IBIGHIT 페이지 가입 및 게시물 끝까지 시청하기 △페이스북 방탄소년단 공식 계정 '좋아요' 누르기 및 게시물 댓글 달기, '좋아요' 누르기, 공유하기 등 실제 빌보드에서 상을 받게 하기 위해 점수를 산정하는 기준을 분석해서 방탄소년단 점수를 높일 수 있는 아주 구체적인 실천 방안을 제시했다. 2018년 들어서도 새 앨범이 나오기 전 'BTS

International Fanbase'라는 해외 팬들의 구심점이 된 조직은 아주 구체적인 KPI를 설정했다. 그 내용이 어지간한 기업보다 더 정교해 보인다. 유튜브 영상 4000만뷰, 3500만 좋아요, 빌보드 핫100차트 10위, 빌보드 앨범차트 1위 등을 포함하고 있다. 대부분 목표가 달성되었으며 특히 빌보드 200 차트 1위로 한국에서는 문재인 대통령으로부터 축전을 받기도 했다. 팬들은 새로운 앨범이 나올 때마다 더 높은 목표를 설정하고 실행할 것으로 예상된다.

네트워크로 연결된 아미들의 활동은 한국에서도 찾아볼 수 있다. 특정 이슈가 발생했을 때 아미들은 순식간에 정보를 공유하고 구체적인 활동 지침을 만들어 일사불란하게 행동에 나선다. 방탄소년단이 2018년 5월 18일 앨범을 발표하고 나서 일주일간 많은 앨범이 판매됐다. 발매 후 1주일 내 판매량은 소위 '초동 물량'으로 별도로 집계돼 결과가 발표된다. 그런데 5월 24일 초동물량 마감일 저녁 6시 경, 실시간으로 음반 판매량을 집계하는 한터차트는 발매 후 1주일간 총 95만 장이 판매됐다고 밝혔다. 초동 판매량 100만 장에 약 5만 장 정도 미치지 못하는 수준이었다. 초동 판매량 100만 장은 한터차트가 1993년 서비스를 시작한 이래 어떤 아티스트도 달성하지 못한 기록이었다. 대기록 달성을 코앞에 두고 있었지만 저녁 6시가 넘어가면 상황이 완전히 달라진다. 밤늦게까지 영업하는 일부 오프라인 매장을 제외하고는 대부분 온라인 매장에서 음반을 사더라도 당일 판매기록으로 집계되는 게 불가능해지기 때문이다. 6시가 넘으면 온라인 판매점 직원들이 퇴근하기 때문에 주문하고 결제를 하더라도 다음 날 출고가 이뤄진다. 오프라인 매장에서 앨범을 사는 방법이 있었지만 팬들이 매장까지 가는데 시간이 걸리고 한꺼번에 팬들이 몰려들 경우 재고가 바닥날 수도 있었다. '앨범 초동 판매량 100만 장'이라는 새로운 역사를 쓸 수 없게 될 것 같은 상황이었다.

이때 방탄소년단 및 아미들의 동향에 주목하고 있던 온라인 서점 알라딘이 아이디어를 냈다. 직원들이 퇴근하지 않고 남아 당일 주문하면 곧바로 출고를 해주기로 했다. 알라딘 내부에 아미가 있었고 초동 판매량 기록을 세우고 싶은 팬들의 열망을 관리자에게 보고해서 이런 결정이 이뤄진 것으로 보인다. 이 소식은 SNS를 타고 전 세계 아미들에게 실시간으로 퍼졌다. 초동 100만 장이라는 기록을 세우기 위해 팬들은 알라딘에 몰려가 앨범을 샀고 알라딘은 주문 30분 이내에 출고를 해주며 한터차트 기록이 실시간으로 올라가기 시작했다. 4시간여 만에 5만 장이 추가로 판매됐으며, 10시 20분경 방탄소년단은 초동 판매량 100만장이라는 새로운 기록을 수립했다. 알라딘 직원들은 이를 확인하고 퇴근했으며 아미들은 뿌듯한 마음으로 잠자리에 들었다. 팬들의 욕구를 정확히 파악하고 야근을 불사한 알라딘은 짧은 시간에 큰 매출을 달성했고 아미 사이에서 '갓라딘'으로 불리며 충성고객까지 확보했다.

이처럼 방탄소년단의 다양한 기록과 수상은 아미들의 놀라운 자발적 헌신에 기초하고 있다. 방탄소년단은 다양한 무경계 미디어를 통해 진심으로 고객을 먼저 생각하고 케어하는 마음을 이어갔고 즐거움을 주기 위해 최선을 다했으며, 다양한 미디어를 통해 콘텐츠를 전달했다. 결국 아미들은 악플러의 공격에서 방탄소년단을 보호하고, 스스로 목표와 실행 방안을 설정해 실행하는 강력한 조직을 만들어냈다. 글로벌 대중음악 시장에서 전례 없이 강력한 다국적 팬덤이 형성된 것이다.

전담부서만으로 안 된다

방탄소년단의 무경계 미디어 활용은 새로운 미디어 세상에서 막대한 자원을 투자하고도 큰 효과를 보지 못하고 있는 많은 기업들에게 좋은 교훈을 준다. 기업들은 무경계 미디어 시대가 열리면서 변화에 적응하기 위해 나름 적극적인 노력을 펼치고 있다. 대표적인 게 무경계 미디어 전담 조직을 만드는 것이다. 하지만 이것은 양날의 칼이다. 전담조직을 만들면 이전보다 무경계 미디어를 통한 고객과의 소통이 늘어날 수 있다. 그래서 페이스북 페이지에 '좋아요' 숫자가 늘어나는 등 일부 성과도 낼 것이다. 하지만 전담부서는 오히려 뭔가를 하긴 했다는 안도감을 심어주면서 경영자를 '전담부서의 덫'에 빠지게 만든다. 전담부서의 덫이란 조직 전체가 참여해야 하는 변화를 추진할 때 전담부서를 만들면, 오히려 해당 과제에 대한 책임이 특정 부서로 떠넘겨져 오히려 근본적인 변화에 걸림돌이 되는 현상을 뜻한다. 이런 사례는 정말 많다. 조직문화 전담 조직을 만들었다고 조직문화가 바뀌지 않는다. 윤리경영실을 만들었다고 윤리 문화가 쉽게 정착되지 않는다. 공유가치창출CSV 전담부서를 둔다고 조직이 변하지는 않는다. 조직문화, 윤리경영, CSV 등은 전 조직원이 과거와 다른 생각을 하고, 행동을 해야 성공할 수 있는 과제다. 조직은 고도화된 유기체로 단순한 기계와 다르다. 극도로 상호의존성이 높기 때문에 전 조직원이 참여해야 하는 과제를 부서 하나가 해결할 수 없다. 전담부서를 두는 것 자체가 잘못된 일이라고 볼 수 없지만, 전담부서만으로 문제를 해결하겠다는 생각은 대단히 위험하다.

또 대표적인 소셜미디어인 페이스북에 '좋아요' 버튼을 누른 사람이 많아졌다고 해도 기뻐할 일은 아니다. 레슬리 K. 존 하버드대 교수 등이 엄밀하게 데이터를 분석해본 결과, 소셜미디어에서 '좋아요'를 누르는 등의 행동을 해서 특정 브랜드 페이지를 팔로우하더라도 구매를 더 한다거나 지인에게 추천하는 등 직접적으로 브랜드에 이익을 주는 행동을 더 많이 하는 것은 아니라고 나타났다.[58] 즉, 페이스북에 팔로어가 늘었다고 해서 판매량이 늘 것이라 기대해서는 안 된다는 얘기다. 이미 해당 브랜드를 좋아하는 사람이 팔로했을 뿐이고, 팔로한 사람들은 과거와 마찬가지로 행동하고 있다는 얘기다. 즉, 팔로어 숫자 늘리기만으로 무경계 미디어에 적응했다고 판단하는 건 위험하다.

CEO가 적극적으로 무경계 미디어를 활용하는 경우도 있다. 이런 노력도 어느 정도 성과는 낼 수 있다. 회사를 대표하는 CEO가 고객과 직접 소통하면 해당 기업의 브랜드에 대한 충성도 높은 고객을 더 확보할 수 있을 것이다. 하지만 이 역시 한계가 적지 않다. 많은 CEO들의 무경계 미디어 메시지는 일방향이다. CEO가 글을 올리면 이를 읽은 대중들이 댓글을 많이 달긴 하지만 이에 대해 반응하는 CEO는 많지 않다. 조직 운영과 관련한 산적한 과제를 해결해야 하는 CEO들이 댓글에 반응할 만한 시간을 확보하는 게 현실적으로 불가능한 일이기도 하다. 즉, 일부 CEO들이 무경계 미디어를 적극 이용하고는 있지만 기존 미디어와 같은 일방향 소통을 주로 하고 있다. 안 하는 것보다 낫긴 하겠지만 CEO의 무경계 미디어 이용만으로 새로운 미디어에 적응하기는 부족하다.

또 다른 방법도 있다. 무경계 미디어에서 대중들을 장악한 독립적인 콘텐츠 생산자나 크리에이터와 협업하는 것이다. 많은 기업들이 무경계 미디어에서 강한 영향력을 행사하는 전문가들과의 협업을 통해 성공 사례를 만들고 있다. LG생활건강이 '반도의흔한애견샵알바생'이란 닉네임으로 활동하는 페이스북 스타 허지혜 씨에게 의뢰해 만든 세탁용 세제인 피지 광고가 대표적이다. LG생활건강은 하필 토요일에 광고를 만들어달라고 요구했는데, 이에 '깊은 빡침'을 느낀 허씨가 그 감정을 그대로 담아낸 'LG 빡치게 하는 노래'라는 영상을 만들어 공전의 히트를 기록했다. B급 정서를 담은 광고가 젊은층에게 널리 퍼지면서 제품 판매량도 상당히 늘어난 것으로 알려졌다. 이런 접근은 단기적으로 분명히 성과를 낼 수 있을 것이다. 하지만 그 효과는 단기에 그칠 확률이 높다. 이런 공전의 히트를 매번 기록하기는 쉽지 않다. 또 시간이 지나면 고객들의 기억에서 잊혀질 것이다.

지금까지 기업들의 대응 방식은 별 효과가 없거나, 오히려 부정적인 효과가 더 크거나, 성과가 있더라도 그 효과가 단기간에 그칠 확률이 높았다. 무경계 미디어를 통해 고객과 제대로 소통하기 위해 고민하는 현대 기업의 경영자들에게 방탄소년단은 3가지 새로운 전략 대안을 제시한다. 진심으로 고객을 케어하고, 가치를 주기 위해 최선을 다하는 것이 가장 바람직한 근본적이고 장기적인 대안이라는 게 방탄소년단의 사례가 주는 통찰이다.

모두가 콘텐츠를 만들고, 변형하고, 편집하고, 큐레이션하며, 유통하는 시대에 공식적인 마케팅 메시지만 들고 고객과 접점을 형성하는 것은 조직의 성장 가능성에 큰 제약을 가져올 것이다. 진심으로 고객들을 케어하고, 고객들에게 즐거움을 줄 수 있는 다양한 콘텐츠를 만들어 다양한 접점을 확보하는 게 성장을 위한 강력한 무기가 될 수 있다는 발상의 전환이 필요하다.

적응을 모색하고 있는 기업들

무경계 미디어에 잘 적응하고 있는 기업들은 신생 기업인 경우가 많다. 전통 미디어 세상에서 적응해왔던 레거시가 없기 때문에 신생 기업들은 무경계 미디어 시대의 특징을 간파하고 이에 효과적으로 적응하며 생존 방식을 모색하고 있다. 대표적인 사례가 DBR에 케이스스터디로 실린 신생기업 로우로우rawrow[59]다. 이 회사는 가방, 안경테, 신발 등을 만든다. 그런데 경영 철학이 특이하다. 바로 고객과 '우정'을 나누는 것이다. 그 수단은 페이스북 등 전형적인 무경계 미디어다. 직원들은 페이스북의 관리자 아이디를 공유하면서 일상적으로 고객들과 대화를 나눈다. 가방이 필요한 이유를 소셜미디어에 잘 적어준 고객에게 가방을 빌려주기도 하고, 비 오는 날에 방수 처리를 해주기도 한다. 사업 초기에 가방을 산 고객이 군 입대 후 휴가 중 로우로우를 방문해 좋은 가방을 만들어줘서 고맙다고 말하며 팥빵을 사온 적이 있었다. 감동을 받은 로우로우는 이 고객이 군대를 마치고 학교에 돌아갈 때 이 고객만을 위한 제품을 만들겠다고 약속했다. 그리고 실제로 그 약속을 지켰다. 건축에 관심이 많은 이 고객을 위해 다양한 문방구를 쉽게 들고 다닐 수 있으면서도 가볍고 휴대전화도 쉽게 수납할 수 있는 가방을 만들어줬다. 이 과정은 모두 소셜미디어에 공개됐다. 그리고 실제 고객 이름을 따서 만들어진 '민우 가방'은 이 회사 최고의 베스트셀러 상품 중 하나가 됐다. 페이스북 팔로어 10만명이 넘어서자 이를 기념해 고객들이 원하는 제품을 만들어주기로 했다. 실제 고객들과 함께 고민을 거듭해 정장에도 어울리면서 카메라와 장비를 편리하게 운반할 수 있는 카메라 가방을 만들어 좋은 반응을 얻기도 했다. 임직원들이 일상적으로 소셜미디어를 통해 고객과 소통하고, 진심으로 고객을 위한 제품을 만들기 위해 노력하고 있으며, 고객과 함께 가치를 창출한 점이 방탄소년단의 전략과 닮아 있다.

공공기관에서도 좋은 프랙티스가 나오고 있다. 한국민속촌, 고양시 등이 대표적이다. 경직된 행사 안내나 홍보성 게시물을 위주로 하는 대부분 공공기관은 무경계 미디어에서 성과를 내지 못하고 있다. 하지만 고객들을 즐겁게 해주기 위해 노력해온 일부 기관들은 큰 성과를 내고 있다. 고양시는 기존 마스코트 대신 고양이 이미지를 사용한 데다 계정 관리자가 문장 끝에 '~고양'이나 '~다옹' 등 소위 고양체 말을 붙이면서 대중들의 관심을 모았다. 한국민속촌도 "민속촌 소 이름 지어주기 유력 후보들이옵니다. 1. 닥쳐밭은내가간가 2. 핵발전소 3. 제5원 '소' 4. 엿좀드소 5. 닝겐노우리와튼튼데스네 6. 소보로 7. 해우소~" 등과 같이 병맛 넘치는 메시지를 유포하며 한때 고루했던 이미지를 벗고 젊은이들의 힙한 데이트 명소로 부상했다.

기업들도 방탄소년단을 비롯한 다양한 프랙티스를 참조하며 고객과 새로운 방식으로 소통하기 위한 전략을 수립해야 한다. 몇 가지 추진을 고려해볼 방법이 있다. 우선 새로운 조직 구조와 프로세스를 만드는 방법을 검토해야 한다. 기존 미디어 전략과 무경계 미디어 전략은 호환성이 없다. 따라서 전혀 새로운 조직 구조와 문화 프로세스를 만드는 방식이 필요하다. 회사의 기존 위계질서에 따라서 컨펌을 받아야 하는 절차를 폐지하고 젊은 콘텐츠 제작자나 심지어 대학생 인턴 직원에게 의사결정 권한을 위임하는 등 혁신적인 프로세스를 구축해보는 실험을 단행할 필요가 있다. 새 술은 새 부대에 담아야 하는 것처럼, 기존 전략의 관성에서 벗어날 수 있는 새로운 구조를 실험해보는 것이다.

정몰 사례가 이를 잘 보여준다. 정몰은 KGC인삼공사가 정관장 브랜드의 홍삼 제품 등을 팔기 위해 만든 쇼핑몰이다. 쿠팡이나 11번가 같은 온라인 쇼핑몰 강자들이 포진한 상황에서 제조업체가 운영하는 온라인 쇼핑몰은 고객들의 관심을 끌기 무척 힘들다. 하지만 정몰은 20, 30대의 관심을 받으며 성장하고 있다. KCG인삼공사는 원래 건강, 정직 등의 브랜드 이미지를 토대로 마케팅을 해왔다. 하지만 정몰에 대해서는 이런 기존 관행을 벗어나 자유롭게 사고하도록 유도했다. 이를 위해 20, 30대 직원들에게 전권을 부여했으며 권한을 위임받은 젊은 직원들은 '정正몰'을 이름 그대로 '올바른正' 쇼핑몰 개념이 아니라 '정' 말 건강에 미친 사람들의 '몰'"이란 콘셉트로 완전히 새롭게 탈바꿈시켰다.[60] 특히 격투기선수 김동현이 등장하는 유튜브 광고는 네티즌들 사이에서 '약 빨고 만든 광고'로 알려지며 그야말로 대박을 쳤다.[61]

방탄소년단의 경우 이 책의 챕터1에서 논의한 대로 다른 기획사와는 최소한의 규율만 지키도록 하면서 자율적으로 무경계 미디어를 통해 고객과 소통할 수 있도록 했으며 이는 글로벌 팬덤을 확보하는 원천이 됐다. 새로운 미디어에 적응하려면 기존 조직과는 다른 문화와 프로세스를 구축해야 한다. 특히 젊은 감각을 가진 담당자에게 충분한 자율권을 부여해야 한다. 그렇지 않으면 기존 소통 방식이 그대로 유지되면서 단순히 무경계 미디어 채널을 하나 추가하는 수준에 머물 것이다. 조직의 의사결정 구조나 지배적인 통념의 변화 없이 새로운 전담부서 하나 만들었다고 해서 무경계 미디어 시대에 적응하는 것은 불가능에 가깝다.

모두가 콘텐츠를 만들고 편집권을 행사하는 시대에 가식이나 가짜는 대단히 위험하다. 기업의 진짜 속마음과 겉으로 드러나는 행동에 차이가 많이 난다면 언젠가 모든 게 밝혀지고 만다. 대한항공과 아시아나항공이 대표적이다. 한국을 대표하는 항공사로서 평소에 고객지향적 캠페인에 열중했지만, 과거 같으면 소수의 사람만 알 수 있었던 오너 관련 비리나 일반적인 윤리 기준상 받아들일 수 없는 행동이 음성파일이나 비디오 형태로 유출돼 거의 전 국민이 불과 몇 시간 만에 알게 됐다. 뉴욕타임스 원칙(자신들의 지금 행동이 뉴욕타임스에 보도되어도 떳떳한지 테스트해봄으로써 행동의 타당성을 검증하는 방법)을 실천할 수 있는 수준의 조직이 무경계 미디어 시대에 생존과 번영을 이어갈 수 있다.

무경계 미디어 시대에 적응하겠다는 명분으로 진짜 마음과 상관없이 겉으로 꾸며낸 이미지를 만들려고 노력하다가 거센 역풍을 맞은 대표적인 사례가 월마트다. 한 미국인 커플이 미국 전역의 월마트 매장을 방문하면서 직원들을 인터뷰해 'Walmart Across America'라는 제목의 블로그에 글을 올렸다. 그런데 한결같이 인터뷰에 응한 직원 모두가 행복하고 직장을 사랑했으며 고객에게 정말 친절하게 대했다. 이런 블로그 내용은 네티즌들의 의심을 샀고 결국 월마트가 돈을 주고 만든 콘텐츠라는 사실이 알려졌다. 블로그는 홍보대행사가 운영한 것으로 밝혀졌다. 결국 월마트는 거센 비난만 받았다. 기존 미디어는 진심을 숨기고 페르소나를 보여주는 게 당연한 법칙이었다면, 무경계 미디어에서는 큰 위기의 원인이 될 수 있다.

반면, 진심으로 고객 가치를 고민하고 실천하려는 기업에게 무경계 미디어는 기회가 될 수 있다. 백화점 업체인 노드스트롬 사례가 이를 잘 보여준다. 무경계 미디어가 대세로 자리잡기 전에도 노드스트롬은 진심으로 고객을 케어하는 대표적인 회사였다. 신발 가게부터 시작한 사업이 백화점으로 확대됐는데 창업자는 자손들이 고객에게 무릎 꿇는 법을 배워야 한다며 신발 매장 근무를 의무화했을 정도로 고객 가치를 우선한다. 고객에게 신발을 판매하는 과정에서 한두 번은 무릎을 꿇을 수밖에 없기 때문이다. 직원들의 목표도 매출이나 이익이 아니라 최고의 고객 서비스 제공이다. 당연히 이런 문화에서 수많은 스토리들이 양산된다. 한 고객은 세일 기간에 바지를 사고 싶었는데 맞는 사이즈의 제품이 발견되지 않자 노드스트롬 직원들이 다른 지점을 샅샅이 뒤졌지만 찾지 못했다. 그러자 다른 백화점까지 수소문해 결국 맞는 사이즈를 찾아냈고, 담당 직원은 다른 백화점 매장에서 정가에 바지를 사 할인 가격으로 고객에게 판매했다. 또 다른 고객은 출장을 가기 위해 노드스트롬에서 정장을 구입했는데 세일기간에 산 바지여서 다음날까지 수선이 되지 않아 어쩔 수 없이 출장길에 올랐는데 호텔에 도착해보니 노드스트롬 직원이 수선을 마친 바지를 먼저 택배로 보내놓기도 했다.

이렇게 체질화된 문화는 무경계 미디어 운영에도 그대로 투영되고 있다. 페이스북이나 트위터, 핀터레스트 등 다양한 소셜미디어 페이지를 운영하면서 고객의 불만이나 의문 사항이 제기되면 노드스트롬은 즉각 답변을 올린다. 고객 서비스와 관련한 문제를 고객이 제기하면 즉각 소통하면서 관련 팀과 함께 보상책을 마련해주고 있으며 '어쨌든 실망시켜드린 것에 대해 죄송하다We are sorry for any disappointment'는 말도 자주 등장한다. 고객과의 소통 내용을 살펴보면 소셜미디어는 단순한 홍보 채널이 아니라 고객들의 불편이나 불만을 덜어주고 실시간으로 소통하기 위한 목적이 더 강하다는 느낌을 받는다. 상품 검색이나 구매, 배송 등과 관련해 생겨나는 수많은 불편사항들을 고객들은 편리하게 소셜미디어에 올리고 있고, 노드스트롬은 정성스럽게 질문에 답변하고 대책을 마련해주고 있다. 보통 기업들은 소셜미디어를 홍보 수단으로 많이 활용하고 있지만 노드스트롬은 이와 달리 '소셜미디어 고객 서비스 채널'로 활용하며 고객 만족도 제고에 노력하고 있는 셈이다. 노드스트롬은 또 이미지 공유 및 검색에 특화된 핀터레스트를 통해서 고객들에게 많은 선택을 받은 제품을 오프라인 매장에서도 돋보이게 진열한다. 무경계 미디어를 활용해 고객들의 실제 반응을 체크하며 이를 서비스 개선으로 연결시키기 위해 애쓰고 있다. 아마존의 등장으로 인해 수많은 오프라인 기반 유통 업체들이 심각한 경영난을 겪고 있는 상황에서도 노드스트롬은 이런 노력을 거듭하면서 비교적 안정적인 경영 상황을 유지하고 있다.

기업들이 무경계 미디어에 적응하려면 진짜 마음을 드러낼 수 있는 각오가 필요하다. 과거 전통 미디어에서는 제한된 시간 동안 일방적으로 고객과 만날 수밖에 없었다. 따라서 최대한 돈을 들여 기막힌 대본을 만들고 유명 연예인을 섭외하고 최고의 촬영감독과 조명 등을 동원해 완벽한 콘텐츠를 만드는 데 주력했다. 하지만 새로운 미디어 시대에는 이런 요소가 별로 중요하지 않다. 오히려 카메라가 불안하고 조명이 어두워도 큰 문제가 없다. 보다 더 중요한 게 있다. 부끄럽거나 창피한 일, 감추고 싶은 일까지도 드러낼 수 있는 용기와 자신감이 있느냐가 중요하다.

이런 측면에서 좋은 교훈을 주는 사례가 바로 도미노피자다. 이 회사는 과거 소셜 미디어에 유포된 동영상으로 심각한 위기를 맞았다. 2009년 미국 시골 마을에 있는 매장의 직원들이 치즈스틱을 코에 집어넣는 등 역겨운 행동을 한 영상이 유튜브 등을 통해 유포되었기 때문이다. 조직적이거나 체계적으로 이런 비위생적인 행동이 조직 내에서 이뤄진 것은 아니었고 CEO가 적절하게 사과했기 때문에 다행히 문제가 크게 확산되지는 않았다. 하지만 브랜드 자체는 타격을 입었다.

이후 이 회사는 총체적으로 탈바꿈했다. 무엇보다 자신들의 상황을 솔직하게 공개했다. 이른바 피자 턴어라운드 캠페인을 벌이며 기업 내부 활동 가운데 가장 감추고 싶은 장면을 공개했다. 도미노피자는 소비자 몇 명을 불러 포커스그룹 인터뷰를 실시했다. 그리고 별도의 방에서 이 장면을 주요 임원들이 경청했다. 소비자들 입에서 나온 말은 충격적이었다. "도미노 피자 맛이 골판지 같다"는 이야기까지 나왔다. 이를 듣고 있는 고위 임원들의 당혹스러워하는 표정이 그대로 영상에 나와 있다는 점이 흥미롭다. 이후 제대로 된 피자를 만들기 위한 과정이 영상에 등장한다. 감추고 싶은 부분까지도 모두 드러내고 진짜 고객가치를 위해 노력하는 모습은 많은 사람들에게 진정성 있게 다가왔다. 실제로 이런 노력을 하면 피자의 맛은 개선될 수밖에 없다.

　도미노피자는 이후에도 자신의 상황을 투명하게 공개하고 진심으로 고객들의 가치를 향상사키기 위한 노력을 이어갔다. 특히 소셜미디어를 통해 언제 어디서든 고객들과 소통할 수 있는 채널을 만들었다. 지금은 트위터나 페이스북은 물론이고 아마존의 인공지능 스피커를 통해 피자를 주문할 수 있다. 특히 도미노는 주문한 피자가 현재 어떤 상태인지를 고객들이 한 눈에 볼 수 있는 앱을 개발했다. 피자를 만들고 배달하는 과정을 낱낱이 공개한다는 게 관계자들에게는 부담이 될 수 있지만 고객들은 항상 궁금해 하는 정보다. 피자 업계에서 가장 먼저 이런 활동들을 공개하면서 도미노는 고객들의 신뢰를 얻을 수 있었다. 지금도 드론이나 자율주행차 배송을 통해 가장 빠르고 맛있는 피자를 배달하기 위한 노력을 지속하고 있다.

이런 고객 지향적이면서 투명한 정책은 어떤 결과를 가져왔을까. 이 회사의 주가는 2010년부터 2017년까지 2000%가 넘는 상승률을 기록했다. 이 기간 동안 IT업계를 재편하며 높은 성장세를 이어가고 있는 아마존 주가가 500% 상승했다는 점을 감안하면 기록적인 상승세로 볼 수 있다. 진심으로 고객 가치를 중시하고 투명하게 자신을 공개할 수 있다면, 이런 조직문화를 만들어갈 수 있다면, 무경계 미디어 시대에 주역이 될 잠재력을 갖고 있다고 볼 수 있다.

방탄소년단은 화장실 가는 시간을 제외하고는 대부분의 시간을 고객과 소통한다는 이야기가 나올 정도로 방대한 콘텐츠를 만들며 고객과 소통했다. 활용 가능한 대부분의 미디어를 활용해 고객 접점을 만들었다. 때로는 부끄럽다고 생각할 법한 과거 영상을 지금도 찾아볼 수 있다. 이렇게 모든 내용을 숨김없이 공개하면서 고객들은 방탄소년단에 감정이입이 되면서 그들이 성장할 때 자신이 성장하는 것처럼 기뻐해줬다.

이런 활동을 지속적으로 벌인다면, 고객은 기업의 마케팅을 대행해줄 것이다. 누구보다 열성적인 팬이 되어서 다른 고객에게 추천해주고, 열광적으로 성원해주며, 때로는 기업의 이익을 더 잘 대변해줄 것이다. 어떤 이슈가 생기면 그 어떤 위계적 조직보다 더 빨리 정보를 전파하며 기업을 위한 행동에 나서기도 할 것이다. 스스로 목표를 세우고 스스로 행동하며 스스로 만든 규율 속에서 선한 영향력을 행사하는 데 동참할 것이다.

특히 고객들의 참여를 통한 선한 영향력 확대는 권력에 대한 새로운 견해를 요구한다. 과거 권력은 제로섬 게임으로 보는 관점이 지배적이었다. 권력의 총량은 정해져 있기 때문에 타인의 권력을 나에게 가져와야 내 권력이 강해진다고 생각하는 사람이 많았다. 제로섬 세상에서 타인이 권력을 내놓으려 하지 않기 때문에 위계와 권모술수 등을 동원해서라도 더 큰 권력을 확보하는 게 너무나 자연스러운 현상으로 여겨졌다. 마키아벨리즘적 사고로 대표되는 이런 철학을 가진 사람들이 여전히 많다. 하지만 무경계 미디어 시대에 등장한 신권력은 다르다. 정보를 나누고, 타인의 의견을 경청하고, 타인과 소통하는 행동은 권력을 나누게 한다. 이렇게 권력을 나누면 선한 영향력을 확보할 수 있다.[62] 세상을 바꾸는 건 대체로 이런 접근이다.

방탄소년단은 무경계 미디어 세상에서 새로운 영향력을 형성하는 방법을 찾아냈다. 무엇보다 마인드가 다르다. 가수는 팬 덕분에 존재한다. 팬은 가수 때문에 생겨났지만 반대로 팬이 없으면 가수도 없다. 갑을 관계가 아니라 서로가 절대적으로 서로를 필요로 하는 관계다. 한 쪽이 사라지면 다른 한 쪽의 존재 의미가 없어진다. 이런 관점은 수평적 소통의 원천이 되었다. 그리고 진심으로 고객들에게 즐거움을 주기 위해 노력했다. 이는 문화와 지역, 국가의 장벽을 넘어선 글로벌 팬덤을 확보하는 원천이 됐다. 다양한 무경계 미디어 활용도 빼놓을 수 없다. 특히 스타와 팬 사이에 전례 없이 강한 유대감이 형성됐다는 점은 쉽게 찾아보기 힘든 강력한 경쟁우위의 원천이다. 실제 다른 아이돌 그룹의 한 팬이 방탄소년단 콘서트에 참여했는데, 공연 내내 방탄소년단과 아미가 연인처럼 느껴졌으며, 자신은 연인이 둘만의 데이트를 하고 있는데 옆에서 자리를 계속 지키고 있는 눈치 없는 친구 같은 느낌이 들었다고 말했다. 방탄소년단과 아미들끼리만 통하는 수많은 메시지와 교감, 일치된 행동, 감정 공유 등이 콘서트장에서 느껴졌기 때문에 이를 잘 모르는 다른 아이돌 팬은 어색한 감정을 느낄 수밖에 없었다는 얘기다. 이는 새로운 세상에서 새롭게 비즈니스를 펼쳐야 할 기업들에게 좋은 교훈을 주는 스토리다.

▶새로운 미디어가 등장했지만 많은 기업들은 기존 방식대로 고객과 소통하는 관행을 이어가고 있다. 즉, 무경계 미디어 세상에서 기존 기업들은 잘 적응하지 못하고 있다. 새로운 미디어는 전혀 새로운 접근이 필요하다.

▶방탄소년단은 화장실 갈 때를 제외하고는 모든 생활을 공개한다는 이야기를 들을 정도로 일상적으로 팬들과 소통하고 있다. 앨범 발표 등 특별한 일정이 생겼을 때만 팬들을 찾는 아티스트들과는 차별화되는 접근법이다.

▶무경계 미디어 세상에서 진심을 속이기 힘들다. 단기간에 미사여구로 고객을 속일 수는 있지만 장기적으로 진짜 마음은 반드시 전달된다. 방탄소년단이 무경계 미디어에서 영향력을 끼칠 수 있었던 것은 진심으로 고객을 케어한다는 마음을 가졌기 때문이다. 일관되게 모든 접점에서 고객을 위한 마음을 표현했고 이런 진심이 팬들에게 전달됐다.

▶방탄소년단은 노래와 춤을 전문으로 하는 아티스트지만 예능, 먹방, 패션방송은 물론이고 심지어 단편영화까지 촬영해서 유튜브 등에 공개했다. 고객에게 진심으로 즐거움을 주겠다는 끝없는 노력이 이어진 것이다. 그리고 이런 방대한 콘텐츠를 다양한 미디어에 공개해 접점을 확대했다. 기업들이 이런 노력을 한다면 기업의 마케팅을 고객이 대행해 줄 수 있다.

▶새 술은 새 부대에 담아야 한다. 기존과 전혀 다른 특징을 가진 무경계 미디어로 고객과 소통할 때 기존 조직의 위계질서와 문화를 그대로 적용하면 반드시 실패한다. 자율성과 창의성을 극대화하기 위한 새로운 조직 문화를 구축해야 한다.

노력과 실력 그리고 리더십

지금까지 방탄소년단의 놀라운 성공을 가져온 요인(인성에서 온 열정, 진심의 출력, 융합의 싱귤레리티, 셀프메이킹 신화, 거대 콘텐츠 인터랙션)을 5가지로 나누어 설명했다. 이것 외에 방탄소년단의 성공에 기여한 요인도 많다. 적어도 다음 세 가지 요인을 빼놓을 수는 없다.

① 하드 워킹

방탄소년단은 정말 열심히 했다. 누구보다 열심히 완성도 높은 음악을 만들기 위해 노력했고 최고의 무대 퍼포먼스를 보여주기 위해 춤 연습에도 최선을 다했다. 춤 연습은 데뷔 초 하루 16시간을 했을 정도다. 멤버마다 잘하는 분야가 있었고 잘 하지 못하는 분야가 있었다. 어떤 멤버는 탁월한 춤 실력을 갖고 있었지만 보컬이나 음악 만들기 역량은 떨어졌다. 반대로 랩이나 음악 창작에 탁월한 멤버가 있었지만 춤 실력은 다소 떨어지는 멤버도 있었다. 그들은 때로 서로 경쟁하며, 때로는 서로 격려하며 역량을 끌어올렸다. 그래서 다른 아이돌에 비해 차별화된 춤을 선보였다는 평가를 받는다. 칼 군무가 K팝의 핵심 경쟁 요소이기 때문에 대부분 남성 아이돌 그룹은 춤과 관련해서 놀라운 경쟁력을 갖고 있다. 방탄소년단은 K팝 남성 아이돌 그룹 가운데서도 최고난도 춤을 소화한다는 평가를 받고 있다. 방시혁 대표와 대표 프로듀서 피독, 뮤직비디오를 제작한 룸펜스 역시 최선을 다 했다는 표현으로는 부족할 만큼 정말 열심히 노력했다. 특히 음악 트렌드에 대한 정보 수집과 음반 제작, 뮤직비디오 제작 등과 관련해서는 타의 추종을 불허한다. 특히 뮤직비디오를 보는 순간 가용한 모든 자원을 아낌없이 투자했다는 느낌을 받게 한다. 재능이 있고 꾸준히 노력하는 사람들이 최선을 다해 제품을 만들고 있기 때문에 음악과 퍼포먼스의 품질은 계속 높아지고 있다는 평가다. 음악적으로도 멤버들이 믹스테잎을 발매하고 작사작곡에 참여하고 보컬적으로도 지속적으로 성장했다.

열심히 하는 것이 성공의 기본 전제 조건 중 하나인 것은 분명한 사실이다. 하지만 열심히 하는 모든 사람이 성공하는 것은 아니다. 쉼 없는 노력에다가 올바른 방향성이 반드시 필요하다. 만약 방향 설정이 잘못된 상황에서 열심히 하면 빨리 망할 수도 있다. 성실한 노력이 바탕이 되어 앞서 언급한 5가지 전략적 방향성이 옳았기 때문에 성공했다고 볼 수 있다.

물론 반론이 있을 수 있다. 열심히 하지 않아도 성공하는 사람이나 조직이 있기 때문이다. 누군가는 운 때문에, 누군가는 우연 덕분에 큰 성공을 경험한다. 현실에서 운이나 우연, 행운 같은 요소는 분명히 성공에 중요한 역할을 한다. 하지만 장기적 성공, 지속적인 성공을 보장해주지 못한다는 함정이 있다. 계속 성공하고 싶다면 열심히 해야 한다. 열심히 하지 않으면 단기적 성공은 가능할지 몰라도 성공을 지속할 수는 없다.

흔히 경영학에서는 성공 요인을 한두 가지 요인으로 요약해버리기 때문에 성공이 쉽게 느껴질 수 있다. 예를 들어 오리온은 '정情'이라는 콘셉트를 초코파이에 집어넣어 성공했다는 식으로 간단히 평가할 수 있다. 물론 마케팅 분야에서 새로운 아이디어가 성공에 크게 기여하긴 했지만, 제품의 품질을 위해 노력한 연구개발팀과 생산팀, 그리고 기업 활동을 지원한 각종 지원부서 모두 엄청난 노력을 기울였기에 실제 성공을 이뤄낼 수 있었다. 초코파이 연구개발과 생산, 판매 등 전 과정에서 수많은 사람들의 피, 땀, 눈물이 없었다면 성공할 수 없었다. 모든 다른 성공도 마찬가지다. 단기간의 대박 말고 지속적으로 성공을 이어가고 있다면 성실성 없이는 불가능하다.

사실 성실은 우주의 존재 원리이기도 하다. 지구에 있다 보면 모든 게 차분하게 고정되어 있는 것 같지만, 우주에서 바라보면 지구는 태양 주위를 맹렬하게 돌고 있다. 태양도 우리 은하 주위를 맹렬한 속도로 돌고 있다. 우리 은하 역시 은하단에서 열심히 움직이고 있다. 덕분에 우리가 숨 쉬며 살아갈 수 있다. 우리의 몸 역시 지금 이 순간에도 심장이 뛰고 혈관에서 혈액을 운반하는 등 쉼 없는 움직임이 있기 때문에 생존하고 있다. 그래서 중용 26장에는 '지성무식至誠無息'이란 말이 나온다. 지극한 성실함은 쉬는 게 없다는 의미다. 쉼 없이 성실하게 살아가면 작게 시작해도 큰 성취를 이루게 된다. 위대한 일이 어느 한 순간에 갑자기 이뤄지지 않는다. 엄청난 노력이 투자되어야 한다. 이런 과정 없이 이뤄지는 성공은 오히려 경계해야 한다. 한 순간에 다시 나락에 빠질지 모르기 때문이다. 경영도 마찬가지다. 한국에서 맨손으로 창업해 30대 그룹을 일궈낸 한 창업자는 비결을 묻는 질문에 자신이 15도 경사의 계단을 30년 넘게 꾸준히 오르다보니 이렇게 성장했다고 말했다. 일본 생활용품 업체인 유니참의 창업자 다카하라 게이치로도 재능은 끈기에서 나오며 미래의 비범함은 오늘의 평범함이 누적되어 나온 것이라고 강조한다.[63] 성공은 계속 하는 힘에서 나온다는 것이다. 열심히 하는 것은 우리의 생존과 성장에서 빼놓을 수 없는 중요한 요소다. 방탄소년단은 '나만큼 해봤으면 돌을 던지라'고 말할 정도로 열심히 했다. 그리고 이는 성공의 기본 바탕이 되었다. 그리고 앞서 언급한 5가지 요소가 결합하면서 성공의 규모를 엄청나게 확장했다고 볼 수 있다.

② 음악과 퍼포먼스 실력

방탄소년단의 실력을 수치로 측정할 수는 없다. 감동을 수치로 측정하기도 어렵다. 다만 일화를 통해 이를 가늠할 수 있다. 2017년 연말 한 가요축제 프로그램에서 방탄소년단이 거의 유일하게 전 멤버가 전곡을 라이브로 소화하는 큐시트가 공개되었다. 특히 방탄소년단의 안무는 난도가 높기로 유명하다. 힘든 안무를 소화하면서 전곡을 라이브로 소화한 것은 최고의 무대를 선보이겠다는 방탄소년단의 집념과 실력이 결합했기 때문에 가능한 일이다.

방탄소년단은 항상 음악과 무대를 가장 중요하게 생각한다고 강조해왔다. 2018년 8월 잠실에서 열린 방탄소년단 콘서트 LOVE YOURSELF 기자회견에서 멤버 슈가는 SNS 덕분에 인기를 끌었다는 분석은 잘못된 것이라고 생각한다는 견해를 밝혔다. 그는 음악과 퍼포먼스 측면에서 집중적인 노력을 해왔으며 이런 부분들이 대중들의 관심을 유발했고 이후 이런 관심이 SNS를 찾아보게 한 원동력이 되었다고 강조했다. 리더 RM은 "성공의 원동력은 여러 가지가 있겠지만 본질에 충실하는 게 가장 중요하다"며 "음악, 가수의 완결판을 보여주는 것은 콘서트이고 그걸 만들어 주는 게 앨범"이라고 말했다. 그는 "대중들의 수준이 매우 높아서 진실과 진실이 아닌 것들을 구별하는 능력이 뛰어나다"며 "본업에 충실하면서 SNS나 다른 여러 가지를 진심으로 전달하기 위해 노력했기에 언어나 나라의 장벽을 넘어 진심으로 (대중들의) 마음을 움직이지 않았나 생각한다"고 덧붙였다.

방탄소년단의 매력을 알기 위해서는 무대를 봐야한다는 말이 있다. 실제 방송사들의 연말가요프로그램이 나간 이후 팬덤 유입이 늘어난다. 무대를 보고난 이후 유입된 팬들이 많다는 얘기다. 음악과 퍼포먼스 측면에서 최선을 다해 최고의 무대를 선보이기 위한 노력이 쌓이면서 확보한 실력은 방탄소년단의 강력한 경쟁력의 원천으로 자리 잡았다. 다만 이 책에서는 일반적인 기업의 경영자들에게 직접적인 교훈을 줄 수 있는 전략, 인재관리, 고객과의 소통 등에 초점을 맞춰 분석을 했기 때문에 음악 산업 관계자들의 집중 관심사인 음악 및 퍼포먼스와 관련한 이야기는 별도의 챕터로 분석하지 않았음을 밝힌다. 필자 역시 대중음악 전문가가 아니어서 이런 부분에 대한 분석은 전문성이 높은 음악 평론가들의 몫으로 남겨둔다.

③ 방시혁 대표의 리더십

경영에서 성공의 원인을 분석하다 보면 결국 리더십을 빼놓을 수 없다. 방시혁 대표의 리더십 가운데 가장 중요한 부분은 방탄소년단 멤버들을 단순히 경영진에서 결정한 노래와 춤을 그대로 재현하는 'Performer'가 아니라 독립적으로 의사결정을 하는 'Artist'로 키웠다는 점이다. 단기적 수익을 중시한다면 경영자가 지시하는 일을 우직하게 수행하는 직원들로 구성된 조직이 더 높은 효율성을 발휘할 수 있을 것이다. 하지만 장기적 관점에서 본다면 시간과 돈을 투자해서라도 직원들의 역량을 끌어올려 스스로 목표를 정하고 실행 방안을 찾아낼 수 있는 독립적 비즈니스맨으로 키워내는 게 바람직하다. 이런 점에서 방시혁 대표는 장기적 관점에서 멤버들의 역량을 키우기 위해 노력했고 방탄소년단 멤버 자신들의 메시지로 전 세계인들에게 감동을 주는 예술가가 되기를 원했다. 그래서 방시혁 대표는 한국 최고의 작사가였지만, 어린 멤버들을 존중하며 그들이 만들어낸 가사와 멜로디를 발전시켜 나갔다. 가장 중요한 경영자의 자질은 사람의 역량을 어떻게 키우느냐에 달려 있다. 경륜이 많고 시야가 넓은 경영자들은 부하직원들이 당장 만족할 만한 역량을 갖추지 못했다고 절대 질타하지 않는다. 리더가 질타하고 정답을 알려준 뒤 강압적으로 지시를 내리는 방식을 사용하는 순간, 부하직원들은 입을 닫고 이들의 잠재력은 사장된다는 점을 알기 때문이다.

방시혁 대표의 리더십 가운데 또 하나 주목할 만한 점은 새로운 트렌드와 지식에 열광적으로 집착하는 적극적인 학습 의지다. 음악과 관련해서는 자긍심을 가질 만한 위치까지 올랐지만 그는 여전히 새로운 트렌드를 알기 위해 노력하고, 이를 반영한 음악을 만들기 위해 최선을 다한다. 리더십 연구자들에 따르면 탁월한 성과를 낸 리더들은 대부분 평생학습자life-long learner[64]이다. 이런 점에서 방시혁 대표도 다르지 않다고 볼 수 있다. 앞서 챕터에서 설명한 놀라운 융합은 학습의지 없이는 불가능하다. 방시혁 대표는 KBS《명견만리》프로그램에 출연해 요즘 젊은 친구들이 하는 행동이 잘 이해가 되지 않으면 공부를 해서라도 배워야 한다고 말했다. 이런 자세는 이 시대를 살아가는 경영자들 모두가 잊어서는 안 된다. 새로운 미디어가 영향력을 확대하고 있으며 전혀 새로운 방식의 비즈니스가 나타나고 있다. 혁신의 시대에 자칫 잘못하면 시대에 뒤떨어질 수 있다. 물론 한국의 많은 CEO들은 공부를 열심히 하긴 한다. 조찬포럼을 비롯해 CEO에게 새로운 정보와 지식을 전달하는 책이나 서비스 등을 이용하는 리더도 많다. 한국 사회에서 지식은 이미 차고 넘칠 정도로 유통되고 있다. 하지만 새로운 지식과 트렌드를 직접 현업에 적용하고 실천해보는 리더는 많지 않다. 변화에 잘 적응하는 조직이 많지 않은 것은 이런 이유 때문이다. 어떤 리더는 부하 직원이나 다른 사람을 만날 때 자신의 지식을 자랑하기 위한 목적으로 공부를 하는 것 아니냐는 생각이 들 정도로 실천하지 않는 지식만 모으는 사람도 있다. '현상유지는 악惡'이란 철학을 기반으로 새로운 지식과 트렌드를 실제 기업 조직 운영에 반영하면서 수정·보완·발전시킬 수 있느냐가 학습의 핵심이다. 방시혁 대표는 새로운 트렌드에 광적으로 집착했으며, 내부 역량만으로 새로운 트렌드 수용이 어렵다고 판단되면 해외에 있는 최고 수준의 전문가들과 협업을 통해 교류를 하는 등 적극적인 실천에 매진했다. 왕성한 학습과 새롭게 학습한 지식을 토대로 한 실천은 21세기 경영자들이 잊어서는 안 될 키워드다.

방탄소년단은 시간이 지날수록 더 완성도를 더해가는 무대, 강력한 팬덤 기반으로 전 세계에서 점점 더 활발한 활동을 전개하고 있다. 그리고 마케팅과 영업, 홍보를 아미들이 그 어떤 기업 조직보다 더 효과적으로 수행하고 있다. 아미의 규모는 시간이 지날수록 더 커지고 있다. 또 한 번 빠져들면 헤어 나오기 힘들 정도로 엄청난 양과 질의 콘텐츠를 생산하고 있기 때문에 더 큰 발전이 기대된다.

제언

방탄소년단의 더 큰 성공과 사회적 기여를 위해 다음 몇 가지 방향을 제언한다. 이 제언들이 옳은 방향이 아닐 수 있음을 미리 밝힌다. 또 어떤 부분은 이미 빅히트 내부에서 훨씬 발전적인 대안까지 마련했을 수도 있다. 이런 한계가 있지만 향후 한 단계 더 높은 성장과 발전에 조금이라도 도움을 주는 논의의 기반이 될 수 있도록, 또 이 책을 읽으면서 새로운 시대에 장기적 성공을 모색하고자 하는 경영자들의 고민과 토론에 작은 도움이 되도록 필자가 생각하는 더 큰 발전을 위한 몇 가지 방안을 제시하고자 한다.

① 질 높은 교육 시스템

학습은 방시혁 대표와 방탄소년단이 가장 잘 하는 영역이기도 하다. 더 많이 배울수록 외부의 지식이나 노하우를 자신만의 것으로 만들 수 있는 소위 흡수역량absorptive capacity[65]이 커진다. 즉, 많이 배울수록 학습을 통한 성장 가능성이 더 커질 수 있고 이는 질적 도약의 원천이 될 수 있다. 이런 관점에서 방탄소년단 멤버들과 빅히트의 인재들을 대상으로 한 보다 신중한 역량 계발 프로그램은 조직의 지속가능성을 높이면서 동시에 고객가치 창출에 크게 기여할 수 있을 것이다. 본업인 대중예술 분야와 새로운 미디어 세계에서 역동적으로 활동하고 있는 전문가와의 지속적인 만남 등을 통한 지식과 노하우 전수가 계속 이뤄질 필요가 있다. 또 대중예술 외에도 순수예술, 인문학, 사회과학, 자연과학 분야에 대해서도 관심을 가질 수 있도록 체계적인 역량 계발 프로그램이 운영되면 융합의 아이콘답게 대중음악의 지평을 한 단계 더 넓힐 수 있을 것으로 기대된다. 또 글로벌 시장에서 방탄소년단의 위상이 높아질수록 과거에 상상하지 못했던 엄청난 스트레스가 생길 수 있다. 위상이 높아지면 설령 원하지 않았다 해도 정치적 파워도 강해질 수밖에 없기 때문에 이를 활용해 이익을 챙기려는 외부인사들의 예상치 못한 행동으로 억울한 오해가 생기는 경험도 자주 할 수밖에 없다. 인간관계도 근본적으로 변한다. 가족, 친구 모두 이전과 달라진 위상 때문에 새로운 관계를 설정해야 한다. 이 과정은 극심한 스트레스를 동반한다. 안정적인 심리상태를 유지할 수 있는 체계적인 지원책과 트레이닝도 요구된다.

② 더욱 개방하라

빅히트 엔터테인먼트는 소통과 관련해서는 타의 추종을 불허할 정도로 베스트 프랙티스를 만들었다. 앨범, 콘서트, 전시회, 팬클럽회원모집 등의 과정에서 끊임없는 리서치를 실시하고 고객들의 요구사항을 음악과 무대, 서비스에 반영해 품질을 개선하는 등 빠른 피드백으로도 유명하다. 이런 방향을 더욱 발전시켜 개방성 측면에서는 독보적 지위를 만들어주길 기대한다. 지금 개방형 혁신open innovation의 추세는 기업에서 가장 비밀스럽게 진행해야 하는 것으로 알려진 연구개발R&D 영역까지 진행되고 있다. 예를 들어 자동차 회사의 연구개발 부서는 가장 엄격한 보안 속에서 비밀을 유지하며 제품을 개발하는 게 오래된 관행이었다. 아직까지 많은 회사들은 개발된 신차를 위장막에 가린 채 시험 연습을 하는 관행을 이어가고 있다. 하지만 미국 로컬모터스는 연구개발 과정을 완전히 개방했다. 누구나 참여해 자신만의 모델을 만들고 다른 참가자들과 함께 모델을 수정할 수 있다. 이렇게 디자인된 자동차는 3D 프린터를 갖춘 로컬모터스 공장에서 적층가공 방식으로 인쇄되고 연마된 다음 자동차 엔진 등 모듈화된 각종 부품을 장착한 뒤 고객들에게 판매되고 있다. 로컬모터스는 고객이 원하는 디자인에 맞춤형 제품을 생산하면서도 초저원가를 실현할 수 있었다. 자동차 회사 입장에서 엄청나게 많은 돈을 투자해야 하는 연구개발비 부문에 로컬모터스는 사실상 한 푼도 투자하지 않으면서도 큰 고객 가치를 창출하고 있다.

혁신을 선도했던 기업이라도 시간이 지날수록 창의성의 한계에 직면할 수 있다. 이런 한계를 효과적으로 돌파할 수 있는 방안이 고객과 함께 공동으로 창조하는 시스템을 갖추는 것이다. 단지 서비스나 의상, 음악 등의 선호도 조사를 넘어서서 고객들이 방탄소년단의 음악 콘텐츠에 직접적인 기여를 할 수 있는 온라인 플랫폼을 만든다면, 그리고 고객 스스로 변형하고 발전시킬 수 있는 활동을 보장해준다면, 방탄소년단의 창의성을 한 단계 높일 수 있을 뿐만 아니라 글로벌 소비자들의 마음을 훨씬 더 강하게 울릴 수 있는 가사와 음악을 만들어낼 수도 있을 것이다.

③ 성공의 재생산 메커니즘 구축

지속가능한 조직을 만들기 위해서는 향후에도 지속적으로 새로운 성공을 양산할 수 있는 시스템과 메커니즘이 필요하다. 현재의 성공을 가져온 주역들이 설령 조직을 이탈하더라도 시스템을 통해 새로운 성공을 지속할 수 있는 메커니즘이 구축되어야 한다. 인재의 채용, 육성, 보직 배치 등과 관련한 체계적인 경영 시스템을 구축해야하며, 조직이 추구하는 고유의 철학과 가치관도 명시적으로 조직원들에게 공유되어 행동의 기준으로 자리잡을 수 있는 역량 계발 프로그램도 체계화되어야 한다. 외부 환경 변화를 지속적으로 모니터링하며 내부 전략의 변화를 모색할 수 있는 시스템적 접근도 필요하다. 특정 개인 의존도를 의도적으로 낮추고 인재 파이프라인을 통해 지속적으로 새로운 인재가 유입되어 고객 가치 창출을 지속할 수 있는 체계가 마련돼야 한다.

방탄소년단은 K팝의 역사를 새로 썼다. 또 앞으로도 우리가 경험해보지 못한 새로운 역사를 써나갈 것이다. 이 책을 통해 초경쟁 환경에서 고전하고 있는 많은 한국의 경영자들이 좋은 통찰을 얻기를 기원한다.

주

1) 한겨레신문 2016. 7. 26. "24시간 내내 소속사 감시받는 아이돌들", 남지은 기자.

2) http://www.weiv.co.kr/archives/6408, [아이돌 메이커] 방시혁 대표 | 산업적으로 '의미' 있는 회사를, 아이돌과는 '다른' 아이돌을, 질문: 차우진 최민우 정리: 이다혜.

3) 연합뉴스 2018. 1. 28, [단독 인터뷰] 방탄소년단 "성공 비결은 SNS 아닌 진심+실력", 이은정 박수윤 기자

4) Deci, E., & Ryan, R. M. (1985). Intrinsic motivation and self-determination in human behavior. Springer Science & Business Media.

5) 에드워드 L.데시, 리처드 플래스트 (2011).《마음의 작동법》. 에코의 서재.

6) 박수애. (2016), 성과와 만족도는 자율성과 비례한다, 통제권 허용 통해 직원을 성숙시켜라, DBR(동아비즈니스리뷰) No. 195.

7) 김용성. (2010). 회사에 부족 운영 원리를 접목하라. DBR(동아비즈니스리뷰) No. 66.

8) 게리 하멜. (2013). 관리자를 몽땅 해고하라고? HBR(하버드비즈니스리뷰) 2011년 12월호. DBR No. 109 번역 게재.

9) 영국 작가 아서 캐슬러가 만든 신조어 홀라키(holachy)와 지배구조를 의미하는 크라시(cracy)의 합성어로 위계질서 없이 직원 스스로 조직을 구성하고 자원을 배분하는 조직을 뜻함.

10) 안데르스 에릭슨, 로버트 풀. (2016)《1만시간의 재발견》. 비즈니스북스

11) Niessen, C., & Volmer, J. (2010). Adaptation to increased work autonomy: The role of task reflection. European Journal of Work and

→

Organizational Psychology, 19(4), 442-460.

12) 토니 셰이. (2010). 딜리버리 해피니스, 재포스 CEO의 행복경영 노하우. 북하우스.

13) Gardell, B. (1982). Worker participation and autonomy: a multilevel approach to democracy at the workplace. International Journal of Health Services, 12(4), 527-558.

14) 제이넵 톤. (2018). 좋은 일자리 솔루션. HBR(하버드비즈니스리뷰) Korea 3-4월 합본호.

15) 정지영. (2015). "존재하는 모든 것들은 가치 있다... 직급 역할 불문하고 아이디어를 모아라". DBR(동아비즈니스리뷰) No. 182.

16) 짐 콜린스. (2002). 좋은 기업을 넘어 위대한 기업으로. 김영사.

17) 클라우디오 페르난데즈 아라오즈. (2014). 21세기 인재 발굴. HBR(하버드비즈니스리뷰) KOREA, 6월호.

18) 2번 주와 같음.

19) https://www.youtube.com/watch?v=kYsiV4PAW2E

20) 10번 주와 같음.

21) http://www.bain.com/management_tools/BainTopTenTools/2017/default.asp

22) 장윤정. (2017). 팬들의 콘서트 요청을 모아 공연 추진. 모두를 만족시키는 '행복한 역발상'. DBR. No. 228.

23) Hill, T., & Westbrook, R. (1997). SWOT analysis: it's time for a product recall. Long range planning, 30(1), 46-52.

24) March, J. G. (1991). Exploration and exploitation in organizational learning. Organization science, 2(1), 71-87.

25) Bass, B. M. (1985). Leadership and performance beyond expectations. Collier Macmillan.

26) 김위찬. 르네마보안. (2005). 블루오션전략. 교보문고.

27) 장은지, 이경민, 이용석. (2017). 위기경영 선포하고, 특별 기구 만들고? 조직통제만으론 문제 못 풀어. DBR(동아비즈니스리뷰) No. 232호

28) 란제이 굴라티. (2018). '프레임워크 내의 자율' 조직원을 살아 숨쉬게 한다. HBR(하버드비즈니스리뷰) KOREA. 5-6월 합본호

29) KBS 1TV. 명견만리 시즌2. 2018년 2월23일 방송.

30) 조선일보, 2017년 12월 1일자, "요즘 아이돌은 해외파가 필수? 우리 애들은 비서울 토종인걸요". 강동철 특파원.

31) 제임스 H. 길모어. 조지프 파인 2세. (2010). 진정성의 힘. 세종서적

32) 황부영. (2013). 진자+독특=진정성 실체 있는 브랜딩에 일관성을 더하라. DBR(동아비즈니스리뷰) No. 136.

33) Fuda, P., & Badham, R. (2011). Fire, Snowball, Mask, Movie. Harvard business review.

34) Paharia, N., Keinan, A., Avery, J., & Schor, J. B. (2010). The underdog effect: The marketing of disadvantage and determination through brand biography. Journal of Consumer Research, 37(5), 775-790.

35) 이지영. (2018). BTS 예술혁명. 방탄소년단과 들뢰즈가 만나다. 파레시아.

36) 스콧 베리나토. (2015). 고객의 입장에서 생각하는 공감 마케팅은 의외로 별 효과가 없을 수 있다. HBR(하버드비즈니스리뷰) KOREA, 2015년 3월호.

37) 동아일보 2014년 1월 16일. 답이 없는 답 찾기...들어주니 풀리더라

38) 사티아 나델라. (2018). 히트 리프레시. 흐름출판

39) https://www.youtube.com/watch?v=iVXDxAvzphc

40) 애런 K. 차테르지, 마이클 W. 토펠. 2018. 주류에 진입한 CEO 행동주의. HBR(하버드비즈니스리뷰) KOREA. 2018년 7,8월호.

41) 애런 K. 차테르지, 마이클 W. 토펠. (2018). 新 CEO 행동주의. HBR(하버드비즈니스리뷰) KOREA. 1,2월호.

42) 김현진, 홍성태. (2015). 환경·동물·인권의 테마 극단적 실천 화장품 넘어 '체험적 윤리'를 판매한다. DBR(동아비즈니스리뷰) No. 181.

43) 김남국. (2012). 모방의 힘. 위즈덤하우스.

44) Zuckerman, E. W. (1999). The categorical imperative: Securities analysts and the illegitimacy discount. American journal of sociology, 104(5),

→

1398-1438.

45) 최철규, 김한솔. (2013). 싼샤댐 건설 1등공신은 반대자들? DBR(동아비즈니스리뷰) No. 127.

46) 조나 버거. (2017). 보이지 않는 영향력. 문학동네.

47) 연합뉴스. 보편성 소통 탈중심화...K팝에 BTS에게 배울 3가지. 2018년 5월30일. 이은정 기자. (http://www.yonhapnews.co.kr/bulletin/2018/05/29/0200000000AKR20180529175700005.HTML?input=1195m)

48) https://www.rollingstone.com/music/features/bts-love-yourself-tear-inside-k-pop-groups-new-lp-w520537

49) 안준모. (2018) M&A의 목표는 '학습 통한 성장' 무엇을 배울지부터 고민하라. DBR(동아비즈니스리뷰) No. 250.

50) Pennington, N., & Hastie, R. (1988). Explanation-based decision making: Effects of memory structure on judgment. Journal of Experimental Psychology: Learning, Memory, and Cognition, 14(3), 521.

51) Adaval, R., & Wyer, R. S. (1998). The role of narratives in consumer information processing. Journal of Consumer Psychology, 7(3), 207-245.

52) Lundqvist, A., Liljander, V., Gummerus, J., & Van Riel, A. (2013). The impact of storytelling on the consumer brand experience: The case of a firm-originated story. Journal of Brand Management, 20(4), 283-297.

53) 유발 하라리. (2015). 사피엔스. 김영사

54) Schank, R.C., & Abelson, R.P. (1977). Scripts, plans, goals and understanding: An inquiry into human knowledge. Hillsdale, NJ: Erlbaum.

55) 샌드박스 네트워크. (2018). 나는 유튜브 크리에이터를 꿈꾼다. 위즈덤하우스.

56) https://www.youtube.com/watch?v=yiBQMWrtsQU

57) 스포츠서울. 2018. 3. 12. 방탄소년단과 ARMY의 아름다운 동행은 계속된다. 최민지 기자.

58) 재닛 슈워츠. 올리버 앰리히. 대니얼 모촌. 레슬리 K. 존. (2017). '좋아요'의 가치는 얼마일까? HBR(하버드비즈니스리뷰) KOREA. 3월호.

59) 이연준, 조진서. 2018. 고객들이 말한다 '만들어줘서 고마워요' 공감 넘
    어 우정 스토리를 만드는 브랜드. DBR(동아비즈니스리뷰) NO. 255.

60) 한국경제신문 2018년 7월6일자. 정말 잘나가는 '正몰'... 정관장의 세가
    지 역발상 통했다. 김보라 기자

61) https://www.youtube.com/watch?v=qeqTz6itlR4

62) 대커 켈트너. (2018). 선한 권력의 탄생. 프런티어.

63) 다카하라 게이치로. (2007). 계속하는 힘. 이아소.

64) 정동일. (2015). 사람을 남겨라. 북스톤

65) Cohen, W. M., & Levinthal, D. A. (2000). Absorptive capacity: A new
    perspective on learning and innovation. In Strategic Learning in a
    Knowledge economy (pp. 39-67).

→